All things are difficult
before they are easy.

图解版 超倍速、高效能

金字塔手账笔记术

做对笔记，有效进行时间管理与财务管理

用对手账，创造自己的『人力银行』和『人脉银行』

CD工作室 著

SPM
南方出版传媒
广东经济出版社
·广州·

图书在版编目（CIP）数据

金字塔手账笔记术 / CD工作室著. —广州：广东经济出版社，2019.9
ISBN 978-7-5454-6672-0

Ⅰ. ①金… Ⅱ. ①C… Ⅲ. ①时间—管理—通俗读物 Ⅳ. ①C935-49

中国版本图书馆CIP数据核字（2019）第037031号

版权登记号：19-2018-044

出 版 人：李 鹏
责任编辑：张晶晶
责任技编：陆俊帆
封面设计：何汝清

《金字塔手账笔记术》
Jinzita Shouzhang Bijishu
CD工作室 著

出版发行	广东经济出版社（广州市环市东路水荫路11号11—12楼）
经　　销	全国新华书店
印　　刷	广东信源彩色印务有限公司（广州市番禺区南村镇南村村东兴工业园）
开　　本	889毫米×1194毫米　1/32
印　　张	7
字　　数	120千字
版　　次	2019年9月第1版
印　　次	2019年9月第1次
书　　号	ISBN 978-7-5454-6672-0
定　　价	39.80元

广东经济出版社官方网址：http://www.gebook.com
微博：http://e.weibo.com/gebook
图书营销中心地址：广州市环市东路水荫路11号11楼
电话：（020）87393830　邮政编码:510075
如发现印装质量问题，影响阅读，请与承印厂联系调换
广东经济出版社常年法律顾问:胡志海律师

目录

Contents

第1步 高效能手账是什么样的?

第2步 日表、周表、月表、季表、年表怎么用?

第 3 步 手账要记录哪些事？

第4步 超倍数高效能手账管理法

第1步

高效能手账是什么样的？

什么叫作“手账”？它是从日文来的，意思是记事本。《MOLESKINE 传奇笔记本的活用术》作者堀正岳、中牟田洋子认为“记事本”和“笔记本”最大的区别在于：记录还没发生的事情是“记事本”的事；而老师在课堂上把已经发生过的事情、把已知的知识传授给我们，我们将它记录在“笔记本”上。无论是怎样的看法，只要你认为有助于你处理事情的记录，都可以列入“手账”之内。现在我们普遍使用电脑、手机、平板电脑等工具来记录大量的信息，甚至还有提示的功能，为什么还需要手账呢？因为每项工具多多少少都有它的限制，而用手写出来的手账，可以根据使用者的需求随时随地增删，把需求和创意做一个无上限的整合，非常符合现代人差异性的需要，因此在日本流行起来，无论是上班族、家庭主妇、学生、会计、游客、画家……各个角色的手账因应而生，让我们见识到人的需求和创意是可以开发的。

现在知道手账的意思了，有人问为何要做笔记呢？这是因为我们的脑袋要装的东西有限，如果随手可以查阅到我们紧急待处理和已处理需要追踪的事情有哪些，或者是已完成的任务有哪些，不是很方便吗？

为了呈现问题而记

平常我们会把重要的事放在心里，人有隐藏自己在意的事的习惯，因此不随意告诉别人或写出来。于是越积越多，最后不知道如何处理这些躲在心底的“在乎的事情”。如果你去请教心理咨询师，他会鼓励你把它们写出来，让自己正面面对。是的，写笔记有某种心理治疗的功能，一字一字写出来或一笔一笔画出来或一张一张贴纸贴出来，用时间和力气消耗心中的疙瘩，是有疗愈作用的。当你在思考那些问题时，一股脑儿都把它们写下来，在记事本上，清清楚楚地把整个思维的细节呈现出来，你会发现自己原来这么棒，会呈现问题了，会表达心思了，把困扰和压抑在心头的事情全掏出来了，就像是“心事大扫除”一样。所以为了呈现问题，你应该写下来、画出来、贴出来。

人有健忘症，随时准备“不同的手账秘书”

我们经常会忘东忘西的，怎么办？又不像董事长有秘书跟班，因此我们要帮助自己，逐渐克服健忘症。该怎么做呢？如果自己有一本“人脉手账”“杂物手账”，就等同于聘请了不同的秘书，帮自己管理容易忘记的事项，既可发挥效能又可省下一笔请秘书的薪资。

帮自己建立数据库，随时整理资源

如果有资源整理的概念，就知道掌握资源可以进行很多的计划和有效地处理事情。我们可以发现有一些科技公司拥有庞大的工程师和处理资料的技术，但不知要做哪些有意义的事。后来，发现有一件伟大的事情可以做，就是处理史料，做成可查询的数据库，这些史料都是公共财产，也需要被使用，于是科技公司整理出来存储在数据库，向全球的图书馆、研究机构、研究者提供需要付费的服务，而且这些资料都不必再更新。因此，建立数据库的概念是为储存经验而创建的。写手账正是建立个人数据库的好习惯，试想一下，你知道哪里有好吃的餐厅、小吃店、路边摊，如果把它们弄成一本个人餐厅手账，无论请客或者家庭聚会、亲友聚餐等，这就是一本“葵花宝典”。

在前两年出现了一个新点子，叫“手账APP”，就是将纸本手账和手机APP做一个完美的结合，让我们可以拍照上传到Evernote或任何云端的硬盘里去做分享，分享以后也可以做笔记。由此可知，手账花样百出，可以结合科技的方式满足不同的需求，只要能发挥功能，随时可以提高我们的效率。

① 手账最好有日计划表、周计划表、月计划表、季计划表、年计划表

在各行各业里，每个人都要扮演好自己的角色，但是每日、每周、每月、每季、每年总有阶段性的计划等待处理和规划，就怕规划只停留在脑海里，没有记录和时间表去实践。举个王先生的例子，他工作了两三年，每天过着朝九晚五的日子，生活形态固定，很想突破，突然有一天出现了一个点子，好想开一家咖啡厅，如果没有记在一个地方和拟出一个实践的时间表来，相信这样的点子就会流于空想，等多年以后会懊恼怎么当年没有坚持下去，要不然早就是一家咖啡厅的老板了。

至于人生规划的事项或临时想出的点子要写在哪里呢？建议随手写在个人的手账（纸制版、手机版、计算机版等皆可）里，而这本手账最好有日计划表、周计划表、月计划表、季计划表、年计划表，详细全面由小而大，就像孔子当初编写《春秋》的时候一样，他记载的方式就是从每一天到每一月，再到每一年，创下“编年体”的体例，自成一个追踪系统。

手账可以到文具店选购，也可以自己DIY量身定制，不要

先以轻薄或厚重为第一考虑，如果含有日计划表、周计划表、月计划表、季计划表、年计划表，肯定能够帮你详细管理计划和落实进度。

表1-1 日表 以日为单位，观察自己每天做的计划是否过多或过少，也可检视自己每天的“饱和度”。

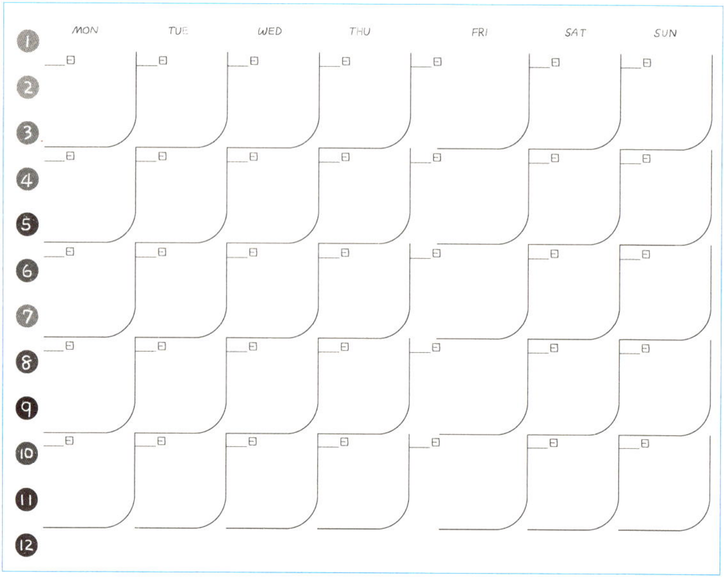

表1-2 周表	一周工作时间有五天，休闲假日有两天，除了工作计划外，也要规划个人或家人休闲活动的计划，不要忘了休息是为了走更远的路。

表1-3 月表	有日表和周表为基础，月表是检验自己规划能力和实践能力最好的时间轴，因为一个计划的实行不是单靠个人的，还要请外围相关的人配合执行。

__月

星期一	星期二	星期三	星期四	星期五	星期六	星期日
1	2	3	4	5	6	7
8	9	10	11	12	13	14
15	16	17	18	19	20	21
22	23	24	25	26	27	28
29	30	31				

表1-4 季表 一般手账很少有季表的规划，直接从月表跳到年表，因为有12个月，在执行检查上会拖很长时间，如果有季表，每3个月检视一次，会更有效率。

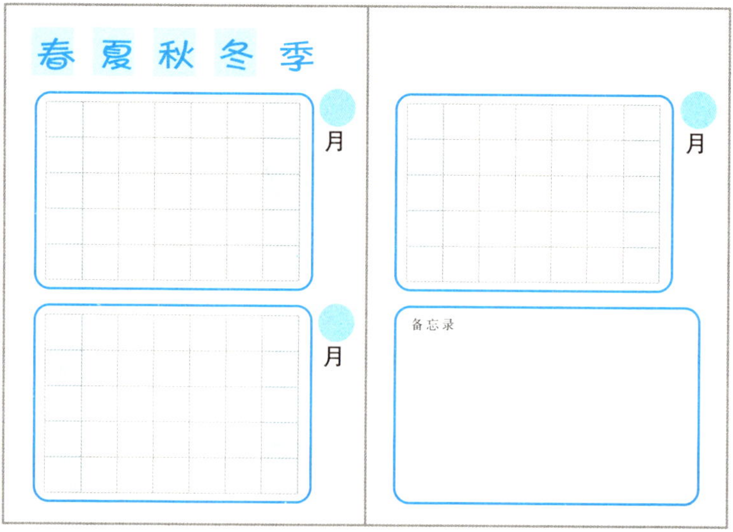

表1-5 年表 每当迎接新的一年时，总会回头总结旧的一年有哪些需要改进和延续，因此年表是我们手账里最大单位的表格规划。

______年表	
春季的计划是否执行	秋季的计划是否执行
夏季的计划是否执行	冬季的计划是否执行

② 手账最好是采用可以方便携带的尺寸

关于手账适合的尺寸因人而异，一般而言最好是方便携带的，可以放入你平常携带的皮包或公文包内。

有人说手账的尺寸攸关你执行能力的强弱度，建议先试行几周，查看自己的手感和心感，如果顺手和顺心，就延用下去，如果过大或过小，请以自己的舒适度和需要度换另一种尺寸，不要将就勉强使用，因为手账就是你实践人生计划的重要工具，工具用对了，协助度就大大地提升。

也有人问手账是挑选黑白色呢？还是双色？还是彩色呢？这也要因人而异：如果你是个视觉系的人，可以选用彩色的手账；如果你喜欢干净利落，是个后现代感十足的人，可以选用黑白色系手账；如果你是黑白色或彩色都可以接受的人，或许可以先选用两色套色的手账使用，等过一阵子再改选另外两种，给自己一个适应期。不管选用了哪一种色系的手账，你都可以利用色笔、贴纸等其他工具强化提示功能或增加手账的美化效果，因此不必太担心万一选错色系的手账怎么办。方法是人想出来的，手账就是可以帮助你达到人生必胜境界的最佳帮手。

③ 彩色记账法，分类管理的好帮手

在坊间可以找到很多款式的手账，只要有你觉得可以的款式，就不要犹豫。除了手账外，笔也是必要的工具。笔要挑哪种笔呢？有人喜欢铅笔，也有人喜欢原子笔、彩色笔、荧光笔等，最好以你认为书写流利、舒适为主。

因为每个人重要的事情有很多项，也有轻重缓急之分，意义也不同，所以建议你采用彩色记账法，记录你精彩又缤纷的人生。你可以在手账的第一页先标记各种颜色的代表意义，例如：

红色：最重要的、最急的、最有压力的……

黑色：最机密的、最稳定的，例如参加丧礼……

黄色：高度提醒的，例如聚餐约会……

绿色：健康检查、休闲活动规划……

粉红色：和朋友约会、公益活动……

这些多姿多彩的颜色，可以帮助我们了解有哪些事项占了我们多少时间和其代表的重要性。以经济效益来说，多种颜色的原子笔方便分类，但因为是原子笔，它的多样性远远不如色铅笔等，所以请读者先了解自己的需求，再到文具店挑选需要的笔。

在手账里跟我们最有紧密关系的是“管理”。管理可以反映出你的逻辑性和效率。如果没有管理，你的手账会沦为杂记，看起来只会增加你的混乱感和紧张度，因此才会需要使用彩色记账法。彩色记账法有哪些功能呢？

清楚最花时间的事项

例如有人会把他所有事情无论大小通通记录在手账里，那么使用“彩色记账法”能帮助他明白最花时间的事项有哪些。然后可以通过反思再做调整，达到高效能的控管和投资。

分门别类可以多头发展

有些人总觉得时间不够用，但是很奇怪有些人再怎么忙碌，他们还是可以达成很多目标。这是怎么一回事呢？因为没有做高效率的规划就会让自己误会一个时间只能做一件事，“时间就是金钱”，时间没有掌握好，就无法重来，所以时间是一个资产，就要善加管理和规划，你可以在手账里把各项事务分门别类地标上不同的颜色，事先安排好，可以同一个时间让不同事项发展进度，如此一来你的成绩会突飞猛进。

训练判断轻重缓急做先后落实的安排能力

如果你是时常三心二意、举棋不定的人，就更需要彩色记账法训练你判断谁先谁后执行，看到不同颜色的标示，就是提醒你哪些事情可以先做，哪些事情可以延缓，不会让你感觉大事小事纠结在一起，手忙脚乱。

分批执行最迅速

分批执行是每个人每天会有的生活经验，例如在手账里，黄色便利贴写上要外出执行的事情，比如到银行汇款，绿色便利贴则写上需要在外出前完成的事情等。如此一来就知道在出门前先把绿色便利贴收集好，先做好需要待在家里完成的事情，再出门处理外面的事情。因此，把同一批要做的事集中处理，可以解决混乱的状况，专心完成同一个性质的事情，逐渐地会感觉效率越来越高。

表1-6 彩色记账法的一个范例

善用彩色记账法可以帮你了解哪些事情花多少时间、如何分批执行、训练判断先做哪些事、在同一个时间如何进行不同的事情。

___月

星期一	星期二	星期三	星期四	星期五	星期六	星期日
1	2	3	4	5 标示粉红色←	6 7:00 和朋友路跑	7
8	9	10	11	12	13 标示黑色←	14 13:00 参加同事丧礼
15	16 18:00 参加家庭聚会	17 →标示绿色	18	19	20	21
22	23	24	25	26 标示红色←	27 14:00 主办二手衣 拍卖救济活动	28
29	30	31				

第2步

日表、周表、月表、季表、年表怎么用？

① 洛克菲勒说：记账簿比圣经还重要！

洛克菲勒（John Davison Rockefeller），美国大企业家，创立标准石油，在全盛时期几乎垄断全美石油产业。在他的一生之中，曾多次拓展事业版图，并且获得相当大的成功，成为一代石油巨子。其财富丰厚，成为全球第一位资产超过十亿美元的富豪。他的家族成员也纷纷占据富豪的地位，完全没有“富不过三代”的危机。

记账的功效：记录支出、收入与结余数据

洛克菲勒出身于贫寒的家庭，完全是一个白手起家的人，到底是什么因素让他可以跃升于富豪之列？这与他年幼时的家庭教育有关，他的父亲在他小时候就教导他，要他把每一笔赚来的钱都记在账上，并且在月底结算。

记账似乎变成他的家族传统，也成为传家的法宝。洛克菲勒的孙子大卫·洛克菲勒曾经回忆自己的童年，父亲会要求大卫每周将零用钱的开支进行记账，并且在周六进行核对，如果账目准确又有结余，那么零用钱可能还能再增加一些。后来，大卫·洛克菲勒成为著名的银行家，他仍记得当时记账对他的深远影响。

我们大概都可以理解为何富豪会这么重视记账，因为这与理财有着密切的关联性。可是，为何记账就能完成理财的任务呢？我想最主要的原因就是，当你记账的时候，是把自己花钱的行为做了一番全记录。有了这个全记录以后，你就可以知道哪一笔钱花在刀口上，而哪些钱又是无谓的浪费，这对于管控自己的钱财是很有效的办法。

大部分人都把记账当成记载支出，实际上记录收入也是相当重要的部分，像是洛克菲勒的父亲就要他把赚来的每一笔钱都记下来。洛克菲勒小时候家里并不富有，所以他要靠着打工来赚钱，那么每一笔收入其实都在指引洛克菲勒思考，该去从事哪些工作可以获得最大的效益。或许就是他从小的记账经验，让他在长大后可以快速掌握市场上最赚钱的行业，并且准确地投资。

记账除了记录支出与收入以外，结余状况是账本呈现的另外一项重要信息。伴随结余的数字，就产生预算的观念。只有在规划好的预算范围内花钱，我们才能产生结余，并且用结余去做更多的事情。洛克菲勒的许多投资，之所以能够成功，就在于他有足够的资金。

所以，洛克菲勒达成目标的基本技能，实际上是从“记账”一事中养成的。说到此，读者们也许已经开始惊讶于一本小账本以及小小的记账动作，竟然能够产生这么大的效果了。是的，赚钱之后花钱是人的本性，如果任由其发展，那么欲望就会无限扩张，贫寒之家是没有足够的钱财支持这样的欲望的。记账的功能就在于平衡欲望与收入之间的关系，让你不至于做出超过自己能力的事情，即使有梦想也知道自己要花多少时间准备。

就是因为记账可以发挥这么大的功效，因此即使是信仰虔诚的洛克菲勒，也会说出“记账簿比圣经还重要”的致富名言。

手账也能发挥一样的功能

从洛克菲勒的成功轨迹来看，能够记下自己的行为，又时时检讨，并做出新的规划，似乎是成功的不二法门。相信许多人也有过记账的经验，或者说我们的经验还不止于记账。我们会记录行程、计划、通讯录、亲友生日以及各种我们想要获得的信息。无论如何我们都希望通过记录，让自己的生活变得更有效率，也更有趣。

手账就是结合日、周、月、季、年等时间向度的笔记本，它可以用来规划你即将做的事情，也可以让你在回顾的时候，认识那个没有被发现的自己，可能充满潜能，也可能存在一些需要改善的缺点。如果你好好运用手账，手账就会成为我们改善人生的亲密战友，它也会跟洛克菲勒的记账簿一样重要。

一本手账当中，会随着你身份的不同，而有不同的记录重点，也会随着你接触社会而有越来越多要记录的东西。在我们正式研究怎么让手账带你走向高效能生活之前，我们要先认识一下手账，这样可以让你更快与手账变成好朋友，共创美好的未来。

手账是随身携带的笔记本。由于你要用手账来记事，你将要做的事情与已经完成的事情，都要记录在手账之中，所以，要发挥手账的功能，就必须随身携带这本小笔记本，而且与你片刻不离。你必须保护好它，不能弄丢，也不能在写完之后随意毁弃。

看起来书写手账好像没有什么规则可循。但手账是你非常私密的记事本，因此也是有规则的，而且所有规则都是由你自己制定。你可以为了避免遗忘而写手账，你也可以为了累积经验而写手账，更可以为了发现某些问题而写手账。总之，只要你跟你的手账达成共识，手账都会配合你的需求。

手账的基本轴线是时间。虽然说手账并没有特定的写作限制，但因为手账是跟着我们进行每日记事的工具，因此它的基本设定就是以时间为顺序的记录方式。这也是我们写手账时唯一的要求，就是不管记录任何事情都必须标清时间的线索以及注意时间先后的关系。所以，手账不能像其他记事本一样，想从哪页开始写就从哪页写，更不能今天写第一页，明天却跳到最后一页。

当你有了基本的认识以后，我们就可以开始针对手账中常出现的记事方式来思考一下，手账怎么帮你突破现状，高效倍速地助你完成梦想。

② 年表：崭新一年的规划和实践

对于未曾使用过手账的人来说，最好的入门方式就是从年度规划开始进行。一般从市面上买回来的手账，最前面的数页一般都有年表部分。这个部分有些会以一个月一格的方式呈现，有些会以一行一天的形式出现。我们大概从年表的设计中可以理解，这是让我们规划整年的大目标，以及把需要综观的事情记于年表上。

如何运用年表让自己熟悉手账呢？其实这并不难，手账本身与规划有极大的关系——通过手账要去完成某些事情。因此，如果你是新手，你可以试着在年表上写下新年想要完成的事情是什么，以此作为这本手账的精神。

你可以设定新年要参加专业考试，你也可以设定出国旅游，你可以计划换工作或者结婚，甚至计划养一只猫咪。不管是什么，接下来你做的安排就必须围绕在这个梦想上，并且时时不忘此事。

除了写上梦想，你也可以把这一年需要记住的日期，先标示在年表之上。像是亲友的生日、春节、清明、各种年假以及不可避免要参加的重要活动。从这一个以年为综观的视角，你就可以稍稍评估新的一年你有多少自由的时间，以及有多少自己无法支配的时间，也可以为很多事情进行准备，更可以想想这些事情是否会成为阻碍梦想实现的因素。

年度计划表细小的空间并不能让我们写很多信息，所以在这里我们必须简明扼要地记录这些事情。不过，年表的功能也不只是让我们往前看，它同时也帮助我们回顾自己一年的概况。

当你开始使用这本手账后，你可以把具有年度参考意义的信息，登载于年表之上，让自己可以很快地知道自己过去一年过得如何。像是洛克菲勒所提倡的记账功能，如果你也想效法一下富豪致富的精神，那你可以把每月的结余数字，记录在年表之中，等到一年过去，看看整年度下来是存钱了还是透支了。

又或者很多人都想控制体重，我们很难在一两周以内瘦掉3~5公斤（如果真的发生，要赶快就医确认身体状况），但是我们可以把瘦下来当作一个长期的目标，你可以把每月的体重记录写在年表之上。这些信息在短期内不容易看出意义，但是放在长时段的时间区间里，就可以了解事情变化的趋势。

当然年表的制定也不限于只写一个目标与回顾一件事情，你可以同时写上两三件想要完成的事情，也可以同时回顾自己的结余情况以及体重的变化。

表2-1 用年表来实现目标、审视成果

XXXX年参加专业考试

JAN 4000	FEB 2000	MAR 0	APR 6000
MAY 48kg 3000	JUN 49kg 3000	JUL 52kg 5000	AUG 52kg 报名 5000
SEP 52kg 5000	OCT 52kg 考试 4400	NOV 51kg 2500	DEC 50kg 放榜 4000

原来年表是把想要实现的目标预先写上去，并且标注重要的时刻。别忘了，人一年可以有两三个理想同时进行。

年表也可以把一个月的总结写上去，看看存了多少钱、瘦了几公斤，到年底时可以看看自己这一年的成果。

③ 月表：年度计划的 1/12，整月行程和进度

月表的使用功能与年表非常相似，你可以想象一下：年表上有一个大计划与大目标，但是要怎么走到最想要的成果处呢？最简单的方式，你可以利用月表规划往前进的步骤。

另外，月表的空间跟桌历的月历很像，基本上你可以利用月表综观这个月将要发生的事情。这些事情可能包含了公事与私事，公事上某些日子要开会，某些日子要做成果发表；私事上这个月家里有谁生日，要跟哪个朋友会面，甚至是个人的约会，都可以在月表上清楚记上。公事与私事同记在这张表上，或许不易分清楚内容，你可以参考往后的单元，考虑使用颜色、符号等工具来做区分。

利用月表的时候，由于时间越来越往细致规划，因此也要开始适时将他人的时间表写入月表之中。例如四月份的前两周，爸妈要出国去玩，所以家里只有我一个人，我要把父母的这个行程写入月表中，这样我就可以提前想想这两个礼拜，我要怎么过，更贴心一点的想法是，我要怎么安排接送父母。

父母出国这可能是很容易处理的私事，但是如果事情涉

及公事，那么注记别人的行程就变得相当重要。例如，你的主管要在8月18日～25日去北京出差，那么你就必须在这之前，把主管出差要你准备好的事情完成，还有各种必须由他确认的事情，提前在18日之前让他知悉，并且提出意见。

虽然现在联络上不会出现什么困难，但是在主管出差的时候，频频以电话、电子邮件烦扰主管，不但无法让主管出差没有后顾之忧，你也必须把时间花在联络之上。因此，最好的方式就是提前把该确认的事情完成，不造成困扰。

表2-2 月表记录自己的大事情，也要把重要关系人的行程写进来

XXXX年X月

星期日	星期一	星期二	星期三	星期四	星期五	星期六
		1	2 例会	3 专业报名	4	5
6 探视奶奶	7 开始读考古题	8 凯悦1800	9 拜访客户	10	11 企划案完成	12
13 父亲节 读书会	14	15	16 例会	17 主管北京出差	18	19
20	21	22	23	24	25 主管回来	26
27	28	29	30 例会	31		

④ 周表与日表：统整每日大事，追踪检查，记录约会

周表是以一周为单位的记事空间，我们同样把已知的行程注记，为自己的一周进行规划。周表实际上与实务息息相关，因此记录上要更为确实。不过周表上的空间也相当有限，不太可能让我们把一周的大小事情都挤在上面，所以你要经过一些思考来评断哪些事情要记录在周表之上。

简单来说，登上周表的记录必须是用来完成你现在的身份最该做的事情。比如你是位研究所的学生，一周中最重要的且符合你身份的事情就是每周要上的课程、与指导老师会面的时间以及个人研究的时间，如果有在其他学校兼课，那么还要加上一项兼课的时间。这些基本上构成你一周的日常，如果这些事情没有完成，那么你研究生的身份也就可能因此瓦解。

公司的职员也是如此，你要记录在周表上的事情，一定要是那些让你扮演好职员角色的事情。由此而来，周表更进一步的功能就是检讨与追踪，意思就是通过周表让自己知道这周是否扮演好了自己的角色，以及自己能不能做得更好。所以，我们也可以利用周表追踪成果，尤其是记录公司开会的决议事项与交办任务，都可以通过周表来检视与改善。

与周表配合的是日表。日表就像是一个较小型的日记本，它包括规划即将发生的事情，提醒自己完成工作的期限，同时它也可以是你对自己评价、抒发自己心情的空间。

最常见的日表是区分了若干区块，列出由早上8点到晚上6点的记事空间，这样的设计无疑是为了让你进行规划使用。不过，我们也不一定要把这些空间当成规划的区域，我们同样可以运用它来进行回顾。像我们想要学习洛克菲勒的记账大法，那么这些按时间顺序而分割的格子，就可以变成你花费时间、项目与金额的记录区。

或者你想要记录你的心情与情绪变化，那么你可以把自己的心情感受，写在某个时间点之上。这样子，当你回顾自己的手账时，你就会想起某个时间点上发生的事情。

不管你如何使用日表，日表的终极功能就是强迫你有效地分配时间。每个人的时间安排不外乎是工作、休息、生活、学习，光是工作而没有休息与生活的话，人很快就会疲累，而缺乏学习的话则可能很快被时代淘汰。日表的功能就是让自己在工作、休息、生活、学习上取得平衡，更进一步的是用最短的时间发挥最大的功效。

表2-3 周表、日表统整大小事，管理工作与生活

日	8/6 探视奶奶
一	8/7 找主管谈企划案A 晚上专业复习
二	8/8 晚上父亲节 聚餐1800
三	8/9 拜访客户
四	8/10
五	8/11 提交企划案A
六	8/12 找K看电影
备注	本周为企划案A最后 冲刺。加油！ 专业题研究。成功！

	8/6 日		8/7 一
上午	08：00 出发往台中探视奶奶 09：00 高铁	上午	主管最后确认企划案A
下午		下午	联络客户拜访时间，再确认
晚上	18：00 高铁 高铁1400 计程车600 捷运48	晚上	专业复习

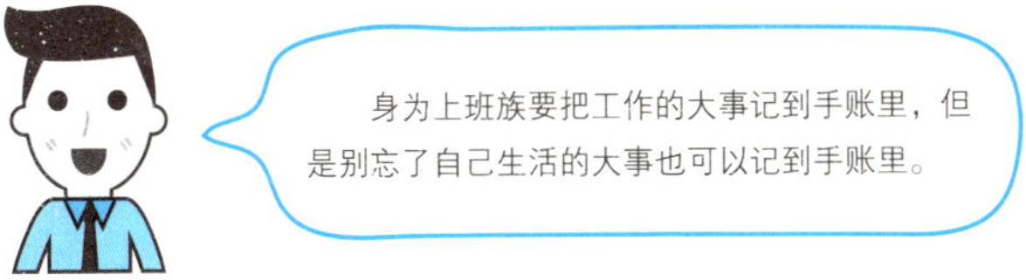

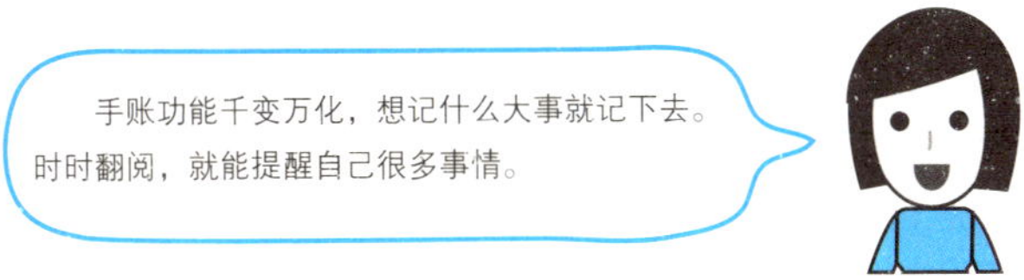

⑤ 一季是小结的最佳时间

既然手账是用来做时间规划的，那么我们就必须设计查核点，以季作为检查与再思考的查核点会是很好的方式。一季的时间是3个月，不会太长也不会太短，你可以在一季终了时，看看是否已经按照计划，逐步往年度目标迈进，又或者实际上遇到层层阻碍，必须要规划新的计划来克服。

无论如何，每3个月一次，对自己这段时间的历史进行小结，将有助于你继续往前。而且，如果目标与步骤出现问题，也可以及早发现，并找出改善的方案。如果无法改善，那也可以早早改变目标，让自己更为务实地前进。

这里要提醒读者的是，检讨并不是光用眼睛看或者用大脑想，你必须要有更实际的行动，才能让总结产生效果。所以，我们建议读者在每一季总结时，要对自己的手账进行再书写。换句话说，你一边看前三个月的人生轨迹，也要一边把现在对自己过去这段日子的评价写入手账当中。

往后的单元里，我们会提供很多分析自己的方法，你可以依照这些方法规范自己必须要记录的事情，然后在小检讨的时间点上，运用我们设计的方法，对自己进行检讨。这个再书写的过程，就是你对自己的一份检查报告，它可以告诉你生活、工作上出了什么毛病，也可以告诉你还有多少的空间可以伸展发挥。

当然，如果你觉得这3个月的成果令你相当满意，那么也可以适时写些鼓励自己的话。总之，任何时候，都要在手账上留下记录，这样你会更了解自己，更能为自己规划美丽的人生。

表2-4 在每一季做个检讨，是执行计划的推促力

7—9月检讨

项目	成果/待改善之处
专业考试准备	××仍有不清楚之处，针对不懂之处进行笔记整理
企划案A	已经执行且业绩很好，可以列作成功模式
小心主管	说话常常反复，要再三确认

⑥ 手账里的小设计大功效

手账的功能与时间及规划有关系，因此手账中的各种设计基本上都是基于时间安排而来，不管是年表、月表、周表还是日表，都是不同时间尺度的行程表。为了让这些不同尺度的行程表能够发挥独立又综合的功能，则需要在手账中添加具有指示功能的标签。

活页手账会随着你书写的需要不停地增加页数，即使不使用活页，你也可能因为夹入重要资料、剪贴的关系而使手账变厚。要如何在这一册页数甚多的手账中快速找到你需要的内容？那就得依照标签来做引导。有些人会在页面侧边，涂上颜色，同一月、同一周会以相同颜色标签。如此一来你可以从书页侧边就知道想要查询的范围大概在哪里。这些小设计都是为了让你更方便掌握手账中的信息。

手账中会有一些是可以用来做笔记的栏位。这些栏位你可以用来写检讨，或者重大的改变，甚至你可以用来激励自己，写上几句鼓励的话。由于是笔记栏，它的存在是要让以时间为主轴的手账更具有弹性。你可能遇到的事情必须延续整个月，甚至跨月，因此你没有办法单纯在周、日表上清楚记载，笔记栏就成为你整合这些零散信息的集中地。

手账里也会有一些空白的涂鸦空间。这些地方其实最能被弹性运用，你可以写几句激励自己的话语，或者剪贴一篇短文，甚至随手画几笔，让自己的手账更为丰富。别小看这些空白的空间，它就像是你喘息的地方，在忙碌与压力中找到一块属于自己的小天地。

有些手账的封皮会做成具有收藏功能的夹层，也有些手账会设置放文具的空间，有些甚至直接将夹链袋附于手账之上。不管这些附属的外围是什么，它们都赋予手账更有弹性的运用。你可以把收集来的名片，暂时放到收藏的夹层，也可以把便利贴、笔、尺放在文具的地方。如果是夹链袋的话，那可以放的东西就更多元了。不过你要注意一个原则，那就是你利用附属外围所收藏的东西，不能影响到手账本体。

说到这里，当知道手账可以跟洛克菲勒的记账簿发挥相同的功能时，许多读者一定跃跃欲试，想要快点运用手账改变自己的人生。那我们就来看看手账可以记录哪些事情吧！

第3步

手账要记录哪些事？

手账主要的功能就是记事，不过我们并不把手账只是单纯看作达到某个目的的工具，而是希望你能够借着手账更了解你自己，所以手账更是一面镜子。手账其实是必须一直跟着你的随身宝，所以你也可以把它看作是你的亲密战友，因为你的重大事情它都知道，你也必须通过它来规划自己的各种战略。

基于手账拥有多重身份（当然这必须由你决定，你怎么看待手账，手账就会发挥怎样的功能），手账里要记录哪些事情，也就存在无限可能。我们在年、季、月、周、日表中曾经提到过一些记录的原则，但并不表示手账只能记载这些。

例如你想要改善与家人的关系，那么你就要好好区分公事与私事，让家人有与你相处的机会与时间；又或者你总觉得无法掌握老板的喜好与脾气，那么你就应该好好观察你们互动的模式，找出彼此可以接受的沟通方法。如果你很想表现出效率与纪律，成为公司中有效率的员工，那么你就要学会如何快速掌握会议重点，并且准确完成任务。

这个单元里，我们设计了14种“手账要记录的事”，你可以依据自己的需要选择一到两种，让手账带着你去探索你想找到的答案。

① 事情归类法

如果你有接触过行政机关的经验，你就会发现公务人员们的桌上经常摆着不同颜色的公文夹，仔细看有红、蓝、白、黄等颜色。这些颜色分别代表了公文本身的性质，红色代表最速件，蓝色代表速件，白色代表普通件，黄色代表密件。公务人员看到这些颜色的公文夹，就知道处理的速度以及资料的重要性。

从这个例子可以知道，事情经过归类以后，自然而然会产生固定的回应方式。时间一久，就会形成一种习惯，这种内化的行为将有助于提升工作的效率与生活的质量。因此，强烈建议读者在写手账的时候，要先有归类的概念。不过，读者也不用太着急，必须经过一段时间的实验，你才能找到最适合自己的归类法，形成一套有效率的归类系统。

区分“只要自己就能处理的事情”以及“需与他人协作的事情”

为了提升工作的效率，我们除了学习公务人员依照事件处理的急迫性来做归类以外，还有一个相当实用且立即见效的归类方式。那就是把工作项目分为两种，分别为“只要自己就能处理的事情”以及“需与他人协作的事情”。

简单来说，凡是开会、联络厂商、交办工作或者拜访客户等，会与他人接触的事情，我们都把它们归类为“需与他人协作的事情”。至于制作投影片、准备报告文书、完成企划书等事情，我们都可以把它们归类在“只要自己就能处理的事情”。

创造出归类的二分原则后，再来就是思考工作的先后顺序了。最好的顺序安排就是把“需与他人协作的事情”优先处理，所以一天开始工作的时候，就优先把需要与同事协同或者交办下属的工作处理好；或者办活动时需要联系的厂商，在进办公室的第一时间，优先进行联系，并且掌握厂商的合作状态；也可以在上班最开始的时间与客户约定拜访的时间。

照这样归类后会出现什么好处呢？第一，在你优先处理“需与他人协作的事情”时，与你协作的人能够多出许多时间来进行你所交办的工作，客户也会有较多选择的时间。如果情况反过来，你都是最后才联络与你合作的人，那可能已经过了半天的上班时间，或者接近下班了，那么与你合作的对象，必定会陷入窘迫的情形中。只有优先处理“需与他人协作的事情”，工作成果的质量以及时间的弹性才会更理想。第二，更实际的好处是，早早把“需与他人协作的事情”完成，那么剩下的时间就可以专心处理“只要自己就能处理的事情”。在没有后顾之忧的情况下，处理各种事情都能够更专心。

因此，如果你尚未有归类的概念，也不知道从何处归类起，那么就试着用上述的二分法来归类看看，你可以立刻感觉到效率的提升。实践的方法也很简单，你只要在手账的记事背后，标记上“他”“己”的字符（字符可以自己编订），就可以很快区分处理的原则。而当你开始感到归类的好处时，下一步就是寻找更系统的归类法。

表3-1 归类提升效率

8/9	三
上午	讨论12月节庆之营销（他） 广告美术确认（他） 修改前期文案稿（己）
下午	准备检查拜访资料（己） 拜访客户1500（他） 汇报客户意向（他）
晚上	

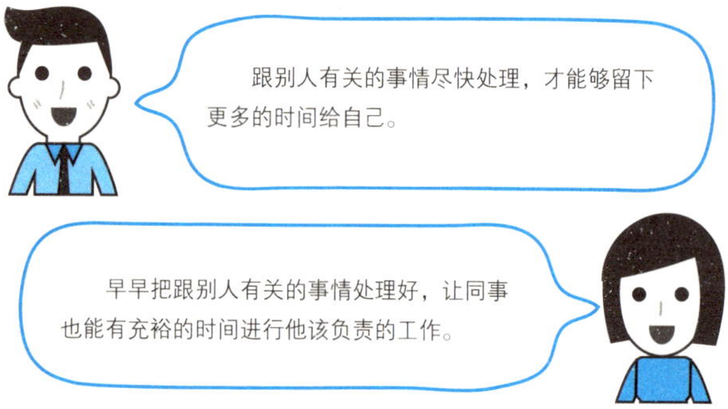

分析自己做过的事情，找出自己的大数据与密码

如果你是一个习惯用手账的人，希望你没有在一年过后就把这些自己的“历史”丢掉。说到“历史”两个字，很多人一定会觉得“历史”就是过去的事情，留着对我的未来不见得有用，而且手账本一年一本非常占空间，为什么不丢掉呢？

把过去的信息随意丢弃的思维是必须修正的。如果我们认真地把自己的过去当成“历史”，而且把过去当成是分析自己的信息，这样我们的手账本实际上就是自己的“大数据库”。

从这个数据库里，你可以分析出每一年的哪个时间点上你都会遇到什么样的事情，也可以知道自己的工作占去最多时间的是哪些项目，更可以分析出自己在工作上遇到哪些问题会造成停顿，这些问题是出在自己这里还是“猪一样的队友”身上。

有了这些信息，你就不是凭空想象自己的归类方式，而是通过个人大数据，找出最需要的归类法。想想看，如果你发现每次都被“猪一样的队友”搞砸事情，那么你写手账时就会多出一种归类方式，提醒自己好好盯紧这位队友的动向与工作方式。也许因为你的归类法，适时适量提醒与叮嘱队友，他突然就转变成好帮手了。

通过个人大数据的归类之后，你也可以在建立归类法时，设计属于自己的归类密码。为什么要设计归类密码呢？因为手账本所记录的是你自己生活与工作的大小事情，你当然不会希望别人看了你手账之后，知道你的家庭行程与工作项目。可是不管你是使用纸制版、手机版还是计算机版的手账，“被看见”都是在所难免的。若能在使用归类法时，逐渐形成属于自己的密码，则你的手账记载的空间可以大大节省，而别人即使看见了手账内容，也不见得能够知道你的真实意义了。

表3-2 从过去的手账发现自己的规律，设计自己的密码

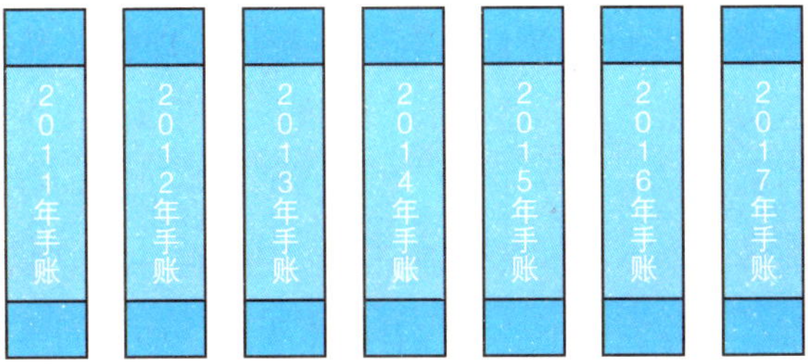

会	会议	会	约会
访	拜访客户	接	接家人下班下课
巡	巡上架、经销商	送	送洗衣服
客	处理投诉意见	拿	拿快递

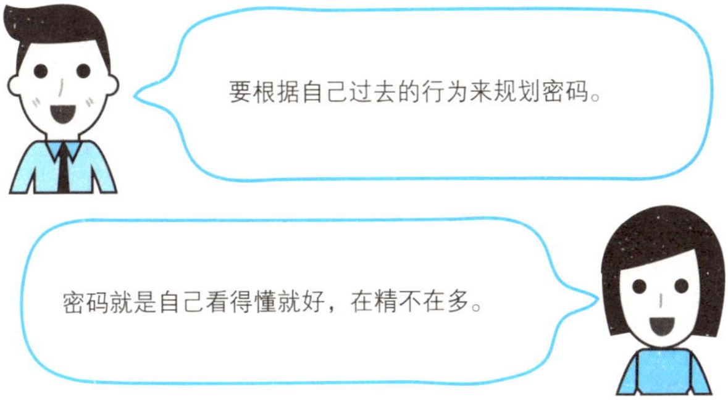

公事、私事请分开

我们常常会说公私要分明，所以公事与私事之间一定要有清楚的界限。可是我们只有一个身体，即使公私能够分明，还是必须由“我”这一个人来执行。所以，接下来我们谈的“公事、私事请分开”，是在归类法上进行细分，而不是要你准备两本手账本来分别记载。记录在一本记事本上，方便携带、书写，也不会因为有两本手账，而让同事觉得你有什么秘密，造成不必要的困扰。所以，一本手账走遍天下，但是“公事、私事”在这本手账里却要分得一清二楚。

常常听到有人自责，“今天因为处理公司的事情，结果约会迟到了”。也会听到一些抱怨，“你只记得拜访客户，该参加小孩学校的家长会，都给忘了”。如果你在一个月里面有三次以上，因为公司的事情、拜访客户或者其他临时插入的业务而打乱你的个人行程与计划，你就是一个需要确实执行“公事、私事请分开”的人。

该怎么在手账中有限的空间里，分开“公事、私事”的标记呢？读者们可能会想到，在每日行程中画一条直线，区分出两个区域，一边记公事，一边记私事。这不就既能“公事、私事请分开”，又能写在同一本手账上了吗？

用一条线分出公事区与私事区，确实是好方法，而且一眼就能看到今天有哪些公事跟私事。不过，我们可以让这种制式的区分有更大的弹性，那就是好好运用不同颜色的笔来帮助你区分。

还记得我们在本书“第1步”中给读者的建议，希望你可以用彩色记账法。这样的好处是一方面你可以让自己的手账活泼些，另一方面也可以通过彩色笔的运用，自然而然地做好分类。

选用彩色笔的话，公事宜用沉稳冷静的色调，一般我们会用黑色或者蓝色墨水的笔来记录。私事的话，建议选取暖色系的颜色，黄色、橘色都是不错的选择。这么一来，公事、私事就不用靠直硬的线条来区分，只要看到颜色就知道哪些是公事、哪些是私事了。

当然，选择暖色系来记录私事也是有用意的。公事通常都与公司制度结合在一起，所以你上班打卡、进度汇报，都会在日常生活中受到规范。可是私事却没有这些一板一眼的制度相随，所以人们常常因为公事而忘记私事，这是很正常的现象。用暖色系的颜色，除了区分之外，也能产生提醒自己的作用。

虽然说是选择暖色系，与蓝色或黑色墨水做出区分，但并不建议读者使用红笔来记录私事。红色通常意味着紧急、危险或者最高等级的提醒，因此要把红色用作特别记号使用。所以，红色不宜滥用或者说过多使用，否则就失去了其颜色的意义。所以，选择暖色系记录私事，但可以的话不要选择红色。

即使颜色已经选定，还是有些读者会担心，一本手账同时记录“公事、私事”，那么在各种场合上翻阅时，个人隐私不就全部曝光了吗？读者这样的担心也是有道理的。我们随时记录事情都靠这本手账，且思考工作流程，确认工作进度都靠这本手账。它在工作时，经常是摊开的，所以难免会有许多信息暴露在众人的眼光中。

要怎么解决这一类隐私的问题呢？最好的方式就是对“私事”设定记录的密码。我们曾经讨论过，如果能够从手账中归纳出自己最常做的事情是哪些，就能够建立个人的记事密码。记事密码往往就是一个字或者符号而已，所以只有自己看得懂，别人很难破译。但是，读者也别真的把所有的记事都编上密码，如果这样反而会成为你记忆的负担。最好的方式是“公事”用速记，“私事”编密码。

如此一来，即使没有刻意区分“公事、私事”的记录区，却也可以通过颜色的标记，在你心中出现一幅井然有序的生活地图，且兼具隐秘性，只有你自己才知道要去的地方。赶快试试看，让自己成为照顾好“公事、私事”的全方位超人。

表3-3 公事、私事分类记载，让你万事不遗漏

9/25	
上午	确认10月份新商品上线
下午	午餐约谈美编12：00—13：30 开研讨会14：00—16：00
晚上	参加小宝家长会18：30 XX学校214教室 回家前记得买面包、牛奶

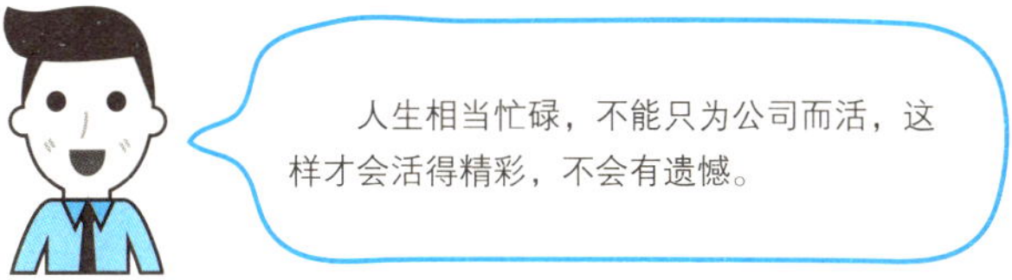

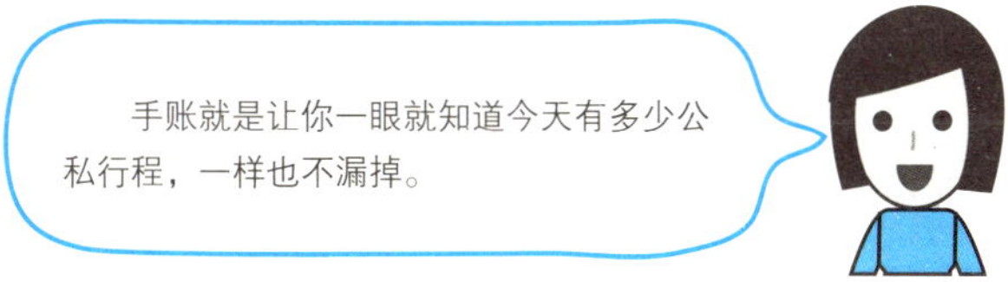

② 每天记录财务流水账和心情流水账

一说起每天记录流水账这种事情，一定会招来很多读者的唾弃。为什么要花这么多时间去写所谓的流水账？小学布置写日记的作业时，老师都会告诫学生，要言之有物，不能写得像流水账。显然，我们把惯性的记录以及缺乏思考的文字都以流水账来形容，因此对流水账有不少负面的印象。

我们在这里必须为流水账做一些平反，以便重新认识流水账的功能。流水账确实是将事情巨细无遗地记录，但是流水账所指的不只是看到的结果，它也意味着记录的方法。

古时候的帝王日理万机，一言一行都会影响国家的兴亡，因此他的身边总会跟着一个史官记录他的言行。有大臣来晋见，史官立刻记下来，某年某月某日某人晋见皇上，谈了什么。或者皇帝决定要做什么事情，下了一道圣旨，史官也会立刻写下来。于是一个皇帝的一生会有一份很长的流水账。各位读者应该已经感觉到流水账并非全然负面的，不然政治权力的核心，就不会采取这样的方式来记录事情。

是的，许多读者都只看到流水账的负面论述，其实管理时间以及做什么事情才是你记载的重点。因为内容条例没有情感，故而学校老师不希望看到你写这种东西充当作业。但如果把眼光放在记录方式上，可以发现流水账就是“发生什么大事，立刻记录下来”，这对于往后回顾自己的生活与工作时，会有很好的提醒效果。

也就是说，流水账对一个人来说有实时的效果。我们都不是皇帝，所以我们不需要把自己发生的大小事情都写下来，但是如果我们想要了解我们某方面的行为，可以针对主题来写流水账，这样对自己的行为就一目了然了。

可能会有读者想要反驳这种想法，认为我每天在结束之时反省自己不就好了，写写日记、回想一下今天发生的事情，不也能够达到相同的效果吗？每日反省以及写日记确实能够达到类似的效果，不过读者也必须承认，人的记忆是有限的，特别是在忙碌的时候。你一定有过类似的经验，大忙一场之后，好不容易有个休息时间，你试着回想这段忙碌期间发生的事情，却发现脑袋里一片空白。

人的记忆确实会因为周遭环境与压力而受到影响，甚至产生遗忘的情况，所以如果你要针对自己某些行为进行反省，光靠每天写日记或者定时反省是很难达成目的的，因为你遗忘的事情恐怕比记住的事情要多。所以，如果养成实时记录自己行为的习惯，那么你自己的流水账就会是帮助你回忆与确实思考改进方案的依据。

我们最常应用流水账的事情是记录每天花费，但流水账能发挥的作用不止如此，以下我们来思考用手账让流水账帮助我们整理与改善人生。

财务流水账

当然讲到流水账时，一定会想到财务问题。确实，当我们每个月都变成月光族时，一定是财务的管理出了问题，如何改善自己的财务状况？最好的方式就是先记录自己的支出流水账。

使用手账的朋友一定会发现，现在于市面上购买的手账本多数都会附有几页财务流水账的表格。使用活页式流水账的朋友，更可以直接添购流水账的活页，所以使用起来相当方便。即使你的手账本没有这类功能也不要紧，你只要找一张空白纸，画上几条线格就可以。

流水账最主要是照顺序记录，所以你的财务流水账要记录以下信息才能帮助到你自己，简单来说就是“时间—花费目的—金额”三项信息。请读者一定要注意，流水账之所以全面就在于实时记录，而且全不遗漏才会有效果。所以，一开始记录财务流水账的朋友一定要提醒自己，每花一笔钱就要立刻记录下来，然后每天结束之时看一眼自己的流水账，稍稍回忆一下消费的过程，以及思考一下是否有遗漏。

当你的记录已经满一周，就可以开始检讨自己的花销状况了。一周的时间里，大概所有惯性的生活花费与交际应酬花费都可以清楚看到。这时候，你可以开始思考，哪些钱可以少花一点，甚至不需要花费。如果做到这一步，你就开始脱离月光族的窘境了。

但是现在的消费不见得要直接支付金钱，像使用信用卡以及使用电信小额支付，都是今天的消费方式。这些虽然带给我们便利，但是却也让我们不知不觉地花出许多钱而不自知。像信用卡绑悠游卡以后，许多人只感觉到处可用悠游卡、自动充值的便利性，使你随手一刷的次数一直增加，却毫无警觉。直到月底，不仅月光，还可能变成卡奴。

因此，如果你是一个会使用信用卡等电子金融交易的朋友，那么你一定要在记录花费金额之后标注，你是用什么方式消费的，例如信用卡要标个卡字，这样你才能掌握自己在各个方面的支出。而且，这样的注记也将帮助你在收到信用卡账单时核对明细。

财务流水账看起来是很细碎的事情，但是只要你开始进行就会发现，你不只是在记录自己的财务，还在记录的同时提醒自己，要好好规划理财。这不是一举两得吗？

表3-4 财务流水账能提醒自己要节省

9/25		
上午	联络广告公司 敲定下次企划主题	通勤45（U） 早餐60 咖啡35
下午	开会15：00-17：00	午餐80 博客来700（卡） 饮料25（U）
晚上	看电影	晚餐150 电影250（卡） 通勤45（U） 消夜50

总计 U115
1440 卡950
现金375

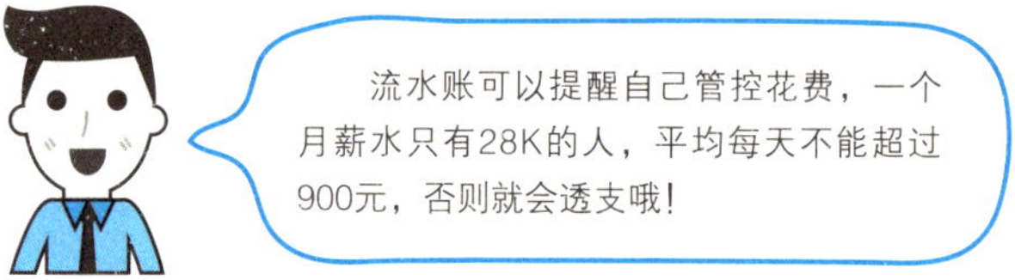

心情流水账

以流水账来管理财务，是从古至今常用的方法。看看电影里面的掌柜，每天能够清楚店里的收支，靠的就是流水账。显然，要掌握自己的行为，最重要的就是能够巨细无遗地记录。既然知道流水账能够发挥这样的功能，显然我们只要略加应用，就可以让流水账的正面功能得到发挥，帮助我们更加了解自己。

古人使用流水账的形式，更不止于记账，其应用范围甚至推广到心灵层次。古人认为集福消灾之道就是多行善事，可是到底要做多少善事才能产生效果却不得而知。所以古人有一句格言叫“诸恶莫做、众善奉行”，就是希望达到集福消灾的效果。为了实践这句话，古人设计了一种叫作“功过格”的流水账。

每天从太阳升起，所做的事情不管是善或恶，只要自己觉得是善事就往上记一笔，若自己觉得有违良心，属于恶事也同样记上一笔。等到夜深人静，打开功过格看看今天是功过相抵，还是过大于功。然后，自己反省，明日继续努力。

在此举功过格为例，不是要读者也去弄个功过格来努力行善，而是借这个例子告诉读者，流水账除了用来理财外，它也可以帮助你改善其他事情。像职场上最需要情商（EQ）一样，做好自己的情绪管理，这将有助于工作效率与人际关系的提升。

可是，真正能够察觉自己情绪变化的人是少之又少的，因此工作上难免擦枪走火，一言不合可能弄得相当不愉快。所以，如果你在工作上觉得自己脾气不太好，经常觉得沮丧，或者觉得压力很大，那么制作自己的情绪流水账将有助于你掌握自己的情绪变化。

情绪流水账要记的东西与理财不一样，你必须记录下“时间—事由—心情评分”。时间就是诚实记录察觉自己心情变化的时间，然后把引起心情变化的原因写下来。书写原因不能避重就轻，让自己心情好的要写，让自己心情不好的也要写。

请记得，书写原因的时候不要把情绪带进去。例如明明是主管规划不周详造成工作延迟完成，主管却反过来怪罪你工作效率太差，还在老板面前指责你。这种事情绝对是让人生气的。多数人遇到这种状况，会很直接地写下“可恶的主管嫁祸给我，害我被骂”。这样写虽然很解气，但是不是解决问题的方法。最好的写法是，把事实写清楚，不做情感评论。例如上面这件事情就写“工作延迟，会议上被批评”，字句里面都是发生的事情，并没有任何情绪存在。

情绪的部分就交给“心情评分”来表达。你可以设计一个从–5分至+5分的评分表，–5分是让你心情感觉到最差的状况，+5分则是最开心的状况，0分则是这件事情好像对自己有影响，但是没什么情绪产生。

经过记录与评分之后，你也可以在夜深人静的时候，开始分析自己的心情变化，看看一天是开心的多，还是心情低落的多。并且从“事由”上可以逐渐分析，让你心情不好的原因。找出原因之后，才有机会积极解决。

在这里先预告读者，如果你使用心情流水账，会有几个现象逐渐出现在你生活中。首先，记录的多寡，会从一天记录两三件，到后来是一天记上很多件。然后过一段时间，又转趋减少。这个现象出现表示你已经可以察觉自己的情绪变化，因此会有一段时间记录心情的频率相当高，等这个高峰期过后，记录的次数也会慢慢减少。这时候你该为自己高兴，因为你已经慢慢可以控制自己的情绪了。

再者，一开始记录心情流水账时，每日“心情评分”的总和，通常都会两极化，不是靠近-5分，就是靠近+5分。但是实行一段时间后，你会发现自己的分数会趋近于0分。这也是一个好现象，表示你的情绪已经越来越稳定了。当然这个时候，你可以选择进一步修炼自己的情绪，那就是把“心情评分”从-5分至+5分的平均间距拉长成-10分至+10分，更细致地区分自己心情的变化。当这个更宽间距的“心情评分”也逐渐趋近于0分时，你管理自己情绪的能力已经更进一步了。

心情流水账就像是一个提醒：记下不开心的事情时，要告诉自己不要被不开心控制了；记下开心的事情时，要告诉自己继续维持下去。每天计算“心情评分”，要重新想想那些影响心情的事情，你会发现其实很多事情没那么严重，或者有更好的表达方式。

表3-5 心情亦有流水账

10/25		三
上午	例行会议09：00—10：00	工作延迟-5
下午	厂商询价	午餐好吃+3 厂商很多0
晚上		买新洗发精+1 猫咪可爱+2

今日心情+1

不带情绪记录，一来要停止不好的心情，再者在手账上留下抱怨了谁，若被人看见，传出去对自己也不好。

职场还是小心、小心、再小心才好。

③ 每天写一句自我激励的话

一个人要获得成功的人生，最主要受到三个方面的因素影响。第一，你的专注力决定工作的质量好坏；第二，你的自信决定事业的形象能否具有光与热；第三，你的稳健决定你的成功可以延续多久。

这些道理虽然每个人都知道，不过在真实的工作情境下，要一直维持专注力、自信以及稳健是相当困难的。在公事上，突然接到客户取消订单，原先的工作计划也就必须暂时停止，把心力投入处理客户退单的问题上，并且思考是否有补救的方案。这一处理，可能就去了大半天。要再重新回到规划的事务上，必须花一些时间调适，才能进入状态。无形中，每天有无数类似的事情扰乱了专注力。

可能消磨自信的人、事、物就更多了。老板指责你做的海报根本拿不上台面，可是老板提供的学习模板却明显比自己的成品更烂。想来这位老板完全没有市场感，却因为他是老板，要让他羞辱一番，令创作的自信受损。跑了一个礼拜的业务，基本上没有一个成功的案子，可是同事随便一谈就谈成了，比较之下，销售的自信也就没了。

即使没有脑残的老板与好运的同事，环境中也会有很多信息质疑你，或者让你自己产生怀疑。像是亲友会询问你这个行业的前途，或者经济不景气的信息不断在你的身边出现。你难免会因为这些信息，反问自己："我现在走的路是正确的选择吗？"这时，你的稳健正在动摇。

如果你有每天做心情流水账，你会发现身边有无数事情干扰你的专注力、自信与稳健，而能够让你往正向发展的外在因素却是少之又少。因此，除了要清楚掌握自己的心情以及影响心情的因素外，更重要的就是要有强大的自愈能力。这里提供给大家一种写着手账也能自我疗愈的方式，那就是写一些自我激励的话。

随时写一句或先写好再慢慢读

激励的话写在哪里？手账本的四个角落会是写激励话语的好地方。你可以利用工作转换心情的时候，写上一句话来鼓励自己，让身心在这句话中沉淀，然后继续努力。也可以在烦闷时，写上一句来安慰自己，重新找到活力。或者在忙碌的一天结束后，写上一句让自己的一天圆满。通过书写，为自己累积正能量。

要是临时想写的时候，却想不出激励的话怎么办？没关系，你可以在平时就养成收集各种名言佳句的习惯。看到、听到或者想到，就可以把它写在手账的角落，而且可以提前写。这样子的话，当你需要激励的话来充电时，就只要往前翻阅，或者往后翻阅即可。如此你便可以从阅读名言佳句的过程中找到自己最初的动力。

许多人会觉得激励的话一定要是名人所说的话。确实，名人所言经常都是经典，有相当强烈的激励作用。有人偏好精神导师的名言，如名师语录、名人诗词，也有人偏好成功人士的名言，像巴菲特、郭台铭等企业名人的话语。

是的，名人（尤其是成功的名人）的话语确实有相当大的力量，不过你也不要忽视生活周遭所发现的话语，只要是能够让你内心感到温暖、满足的言语都可以拿来做激励的话。像是看电视、电影、漫画书、小说，只要看到让你觉得充满正能量的，都可以拿来做激励的话，这些甚至比名人所说的话更有威力。

表3-6 随时写一句鼓励自己的话来补充正能量

重复书写，补充战斗力的大还丹

在翻阅自己过去所写的激励话语时，有时候又会特别被某一句话所吸引，或者会觉得这句话特别符合现在的情境。如果有这样的情况，请你一定要把这句话再写一次。

再写一次时，不妨也做点变化，像是以不同颜色来写同一句名言佳句，或者写完以后照样造句，再创造出一句新的名言佳句，即使跟原来的意思完全相反也没有关系。你也可以为某句很熟识的话进行注解，或把两句相似的话放在一起。总之，我们能够在现有的资源里，不断做各种变化，才是最有意思的事情。

经过一段时间，你会发现某些激励的话是你最喜欢的，那些也就会变成你的座右铭。只要觉得辛苦、觉得累时，就可以反复咀嚼，让自己随时保持最佳的状态。

④ 每周摘录一件成功或失败的事，检验自己周计划的效能度

写手账时，我们会习惯性地写未来发生的事情。所以，我们在手账上安排明天要做的事情，一周、一月、一季以及一年的计划，但是我们很少在手账上记录自己的成果。如果只有计划而没有成果，那么手账的功能就只发挥一半而已。因为，我们只有通过检视成果，才能知道我们设定的计划是否如实执行，是否有需要修正的地方。

写手账的时候，最好养成一个习惯，在周五下班后习惯性地检视自己这一周的成功与失败，来思考本周的效能，作为下周计划的参考。看到这里，读者不用因为检讨失败的事而感到焦虑，因为这里要你呈现的成功与失败，不是那种成王败寇的绝对价值，而是一种相对的感觉。某些事情让你觉得工作不够完美，某些事情让你觉得情感受伤了，或者让你觉得精神缺憾，对于这些，都把它们当作是失败的检讨。我们不是要责备自己，而是要通过这个机会，找出可能的方向解决问题。至于那些让自己感觉到正能量的事情，当然要想办法让它们延续下去。

每天为自己写上一句总结

要怎么样才能在周五下班后快速摘录出成功或失败的事件？这不是一蹴而就的事情。最好的方法是，你习惯性地在每一天结束前，为自己写下评语。

手账的空间并不如想象中充裕，特别是对于忙碌的人而言，手账永远不够用。而且，对大家来说时间相当可贵，每天评价有时候也是负担。但若不从每天评价写起，则在周五评价自己时，很可能因为遗忘或者其他因素，反而要花更多时间。所以，不如每天对自己进行一次评价。

评价的方式是回想你这一天的事情，然后用一句话写下来，而且尽量用动作来表达。为何要这样写？我们来看看下面的例子，例如某天你写下一句“某某客户很喜欢我们”。这句话虽然知道客户对我们有正向的印象，但是时间久了可能就忘记为何使客户产生“喜欢”的情绪。所以，最好是把喜欢的原因变成实际的动作来书写，像是“某某客户很喜欢我提供的节省资费方案”“某某客户对于额外赠品很感兴趣”等。

同样地，如果今天有让你感觉到失败的或者不足的地方，也可以用一句话写下来。像是“未再确认拜访某某的时间，白跑”。你在周检讨的时候，就知道自己造成效能减低的原因了。

量化自己的价值，让成败具体化

除了用动作的描述来具体化成败以外，也可以尝试用量化的方式作为评估自己成败的指标。这个方法的好处是，你很容易通过量化的方式来设计自己的目标，也很容易评估自己的成效。且现代公司的管理，多数也有量化的指标，如此一来更可以评估自己是否是公司所倚仗的员工了。

对记者来说，每天报纸有多少版面，就要出多少新闻，很容易知道自己需要跑多少新闻，才能对报社有贡献。如果你是业务属性的工作，对自己工作效能量化的方式就是思考老板付你的薪水以及你为公司创造的效益。如果你有这样的具体目标，那么就把这些目标当成每天评价的结果来记录，如此一周后你能发现自己是否已经达成目标，或者仍有多少努力的空间。

人生的成败不只是在工作上

当然，除了工作的成败以外，我们更希望读者能够注意到自己人生的成败。像前面章节谈过的公事、私事要分开，你在写一天的评语时，也许可以一句写公事，一句写私事。私事的领域可以写的内容就更多了，例如你发现了很疗愈的美食，或者学到了一个新技能，也许是因为某些事情而感动，也许是要提醒自己该注意的事情。

总之，一周的时间是检视自己工作效能的好时机，但是请先养成从每天给自己一句评语开始。也别忘了，在检视自己工作效能的同时，也要审视自己生活中的大小事。

表3–7 每天为自己写一句评语

9/25	一	9/26	二
上午	拜访客户说错名字，下次改进	上午	
下午		下午	
晚上	用市场趋势说服老板接受新的海报设计	晚上	对同事小王的协助忘了致谢

⑤ 成功、失败的案例要分析流程和原因，才能建立模块

由于每天为自己的工作写下一句评语，因此当一周过去，你对自己这一周的工作状况已经有所了解。但在这一周将要结束之时，或许有另外一种方式来看待自己，以便提升效率。那就是通过执行业务的个案来评价这一周的成功与失败。

案例分析的方法

你可能是一个房地产从业者，那么你在这一周里一定完成了不少租售的个案。你可以思考一下在这些个案中，有哪些是极为顺利就成交了，有哪些却是经历重重阻碍还无法成交的。分类出个案的性质后，接下来分析造成结果的原因。成败的原因可能是“房子的格局很好，非常吸引顾客，一下子就成交”“房价太高，让顾客觉得CP值低”，又或者是“顾客原本为了车位而烦恼，我帮他们解决了车位的问题”“因为我的交涉，调整了一下价格而成交”。只要你仔细检视自己一周的工作内容，你铁定可以列出一长串的原因。

我们之所以建议你分析成功与失败的个案，是因为希望你找出原因后，可以让成功的原因在往后的工作上发酵，而造成失败的因素可以通过检讨之后排除，使其不再发生。如此一来，才能达到良性循环的目的。

把原因列出来后，接下来的步骤是分析各种原因的性质。为什么要这样做呢？因为影响个案成败的因素有很多，包括工作本身的难易度、个人的努力以及运气的成分。像是房价高的房子本来就不容易脱手，但是却好运地遇到富翁想要投资房地产，所以原来不好卖的房子突然成交了。像这类原因列出之后，我们很难把好运的原因复制到下一次成交上。所以，当我们找出成败的原因后，还要接着思考这些因素的性质，才能进一步思考复制或者改善的可能性。

最常见的因素性质可以一分为二，那就是把成败归因于自己努力的内在因素和各种外在因素，后者诸如顾客喜好、房屋地点与整体经济环境情况的好坏等。通常我们都会觉得可以改变与复制的应该是内在因素，而觉得外在因素并不是自己所能控制的。其实不然，像顾客喜好、房屋地点与整体经济环境的情况虽然都不是自己可以决定的，但是我们分析出这些原因后，不能用消极地持有无可奈何的态度来看待它们。我们要把这些外在因素导入可控范围内，让波动的因素逐渐稳定下来。

像顾客的喜好确实很难捉摸，往往顾客想要的房子跟现实有很大的落差，怎么样才可以快速掌握顾客的想法，并提供最接近顾客想法的商品，至为重要。如果能够抓住这个关键，那么顾客喜好的外在因素，也就从不可控制的范围转向可以控制的范围。本书中“分析老板、主管、客户要求模式，谨守‘打狗就打狗，不要打到猫’原则”的单元，提供了一些技巧给读者，可以让你快速掌握顾客的思维。

分析成败的原因不但可以建立有效的工作流程与模块，更可以从自己提出的成败之因中观察自己行事的个性，以及潜在的缺点。例如有些人会发现，长久下来每回检视成败的原因时，成功的因素多半是自己锲而不舍的努力，失败的原因都是顾客太难缠、房子地点不好等外在的因素。如果你发现有这种倾向时，很可能是自己有好面子的缺点，才会如此清晰地以内在因素解释成功，而以外在因素讨论失败。也有另外一种状况，就是把成功都归咎到外在因素，但是一有失败就会怪罪自己的能力，这种人多半是自信心不足。

无论你有哪一种倾向，如果你在分析原因的时候，发现自己的原因很快就有惯性可循，或许你该停下脚步好好想想，是否还有潜藏的因素是自己没有发现的。

通过手账分析原因、分析自己、建立复制与改善的模块，你也可以拥有属于自己的成功手册。

吸收别人的经验

想要通过成败之因来建立行事模块，除了要吸收自己的经验外，同时也要吸收别人的经验。这里所指的“别人”是指同事以及其他同业人员。毕竟个人所能接触的范围有限，唯有不断把别人的经验转化成自己的，才能不断提升。

如何转化别人的经验呢？除了平时多收集其他人的案例分析之外，要试着把这些成败之因放到自己的个案中实践，并且把实践的成效，进行再检视。如此一来，你会开始分辨别人的经验中，哪些有普世价值，哪些可能需要特殊条件才能成立。

当你多元地掌握因素以及分析因素的性质时，你所能应用的模块也就越来越多，你的手账就不再是单纯地作为运转个人工作的记录与规划了，更可以说是你个人事业的研发站。

表3-8 好好分析自己，建立成功模式，避免再次步入失败

被客户拒绝的原因分析

原因	潜台词	回应方式	备注
↑	↑	↑	↑
把客户拒绝的理由直接写下来	原因背后有没有其他的含义	有效的回应方式	资料来源（自己的经验还是别人的）

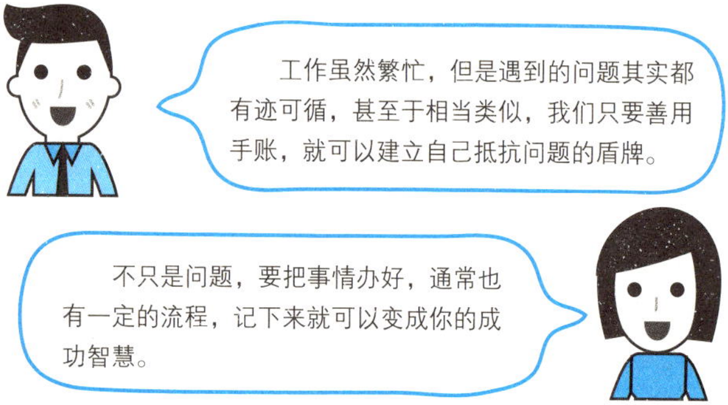

⑥ 每月进行财务分类账和名片管理，检验自己的财务和人际关系

善用手账的人会在手账中留下相当多的资料，而且可以针对个人的需要记录特定的事情。财务与人脉大概是上班族成功最为关键的事情，手账确实可以给你提供很大的帮助。

财务分类账

还记得我们谈过财务的流水账吗？制作财务的流水账就是为了节省开支，为自己的某个梦想存钱。但我们怎么知道，哪些钱可以存下来呢？这时候我们就要利用财务流水账的信息来进行进一步的分析。

最好的方式就是将一段时间的流水账做成分类账。一般可以将花费分为饮食、衣着、娱乐、其他四项。然后每一项之下再细分若干项，如饮食就可以再细分为三餐、点心零食、消夜、饮料等，如衣着可以依照类型来分，即裙子、裤子、鞋子等。这样分类下来，你就可以给流水账上的每一笔钱下一个定义。

然后把这些资料输入Excel当中，做成圆饼图。通过圆饼图，你可以看到你自己的花钱状况，然后再检视花费的必要

性。经过这样的过程，手账中的流水账已经不再是单纯的条目了，信息的内容可以作为预估下个月销售预算的依据。通过分类账的结果你可以发现有某些钱是固定支出，因此不管多节省这些钱都必须花出去，而另一类是非固定支出，这些支出是可以通过规划来降低的。

简单来说，经过记账、分类之后，你就看到一幅清楚的花费图像，然后检视自己花钱的必要性。人的习性都是类似的，在花钱的当下都会觉得这钱花得真有价值，可是等过一阵子重新看时才会发现，实际上这个钱不该花。

如果没有分类账协助你，那么你可能永远不会意识到花了不该花的钱。建议你，每个月底对这个月的花费做完整的检讨，然后对下个月进行预算规划。这个预算规划包括对每一类花费的总量管控，以及预计每月结余的数字。

无论是流水账还是分类账，要能达到节约储蓄的效果，都要经过一段很长的时间，所以每个月持之以恒的规划与自我审视，将有助于达成梦想。

表3-9 支出做分类，省钱就从这里着手

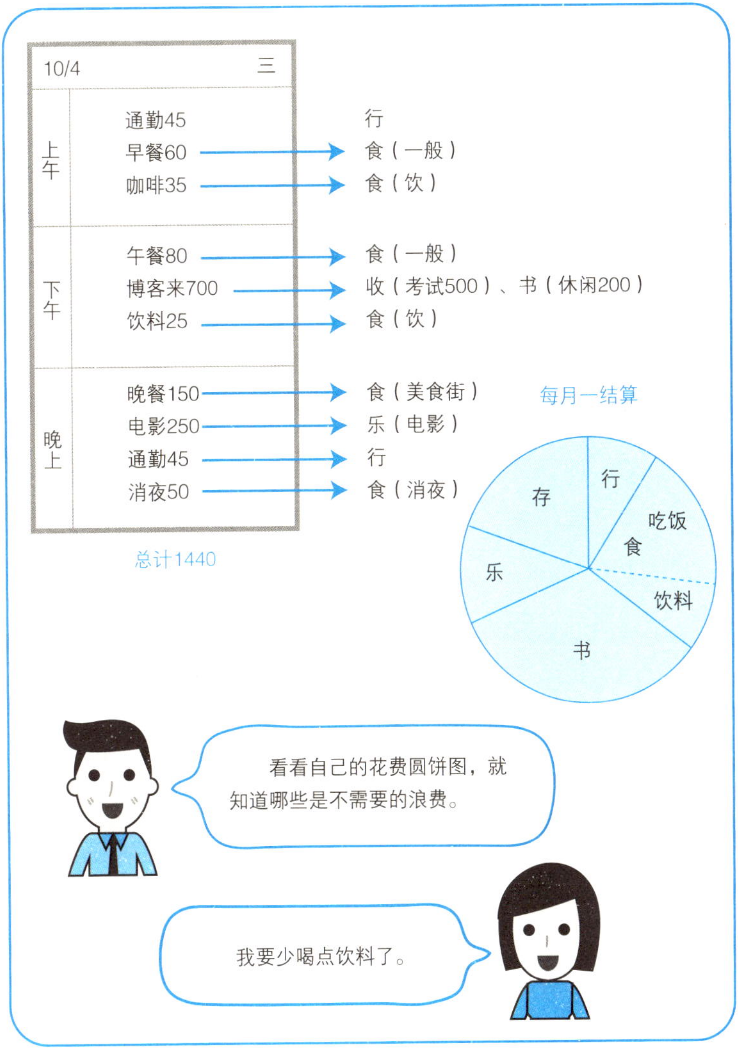

用名片管理人际关系

在生活和工作上金钱跟你的关系，大概就是每个月领到薪水，然后不断支出，在月底时结算剩余多少。可是，有一样东西是会一直增加的，那就是各种名片。

你一定看过某些公司的老板，每当想到要联络谁时，就把一大沓名片拿出来，一张张翻找。比较有整理习惯的老板，可能会把他的名片放到名片夹当中，然后翻阅名片夹来寻找需要的信息。有时候名片实在太多了，还得翻好几本名片夹才能找到需要的信息。

如果你的公司（或者你）有这样的情况，那就说明你的名片缺乏管理，你需要进行名片管理。名片虽然不是直接记录在手账上的内容，但是名片却会随着你手账上的公私行程而逐渐增加。

所以名片管理的第一步是让你手上的名片有迹可循，最简单的方式就是在拿到名片以后，用铅笔在名片的角落写上年月日，这将方便你回想跟名片主人之间的关系。如果真的想不起来也没有关系，你可以从年月日的线索，回到手账中，看看当天发生了什么事情，这时候你应该就能唤起失忆的部分。

名片管理的目的是能够快速找到想要的信息，所以我们要做的第一步就是建立分类的系统。在此建议用手账中“公事私事要分开”的方式做大分类。我们可以依据得到名片的时机稍做区分，那么名片就会有两大类别彼此区隔（这个好处是，别人不会因为你的名片内容而知道你的私生活）。

在公事上，我们多数人的业务通常都有固定的接触对象，因此我们在每个月结束之后，应该把这个月最常用的名片整理出来，把这些高频率使用的名片，往容易找到的地方放。当然，你也可以把这些使用频率高的联络人电话，抄在下个月的月计划表上，如此一来就可以省去你每次要联络时，再去翻动一次名片簿的麻烦。其他的名片，可以依照公司、功能来做分类。

当然，管理名片不能仅仅只停留分类上，名片其实是你人际关系与商业情报的信息。如果有可能，你必须试着掌握名片本人目前的发展，尤其是跳槽、升迁信息。如此一来，在下一次与这个人见面时，能够说出他在职场上的变化，这张名片的本人一定会认为你很尊重他。

此外，维持人际关系不一定要刻意去亲近某些人，因为我们拥有名片，可以在必要的时候，以请教或者咨询的方式与名片本人接触。这样的接触因为是咨询，所以不会让人觉得不舒服。即使对方没有回应你，或者没有时间帮你咨询，也不会造成对方太大的困扰。

至于私事的名片，其实就是你的生活情报。写手账时希望你公事私事写在同一本手账上，但是名片的话就建议你分开存放，等需要的时候再拿出来搜寻。不过私事的名片也请好好地进行整理与分类，像是依照餐厅、家具、水电的方式进行整理，就不会在再要用的时候找不到了。

当你的人际关系经营到一定地步时，你也会慢慢发现，私事的名片也渐渐会支援你公事的名片。像是请朋友吃饭，帮朋友介绍帮手，这些事情都会在你经营人际关系逐渐成功以后出现。

表3-10 常用的电话或手机号码请事先抄录下来

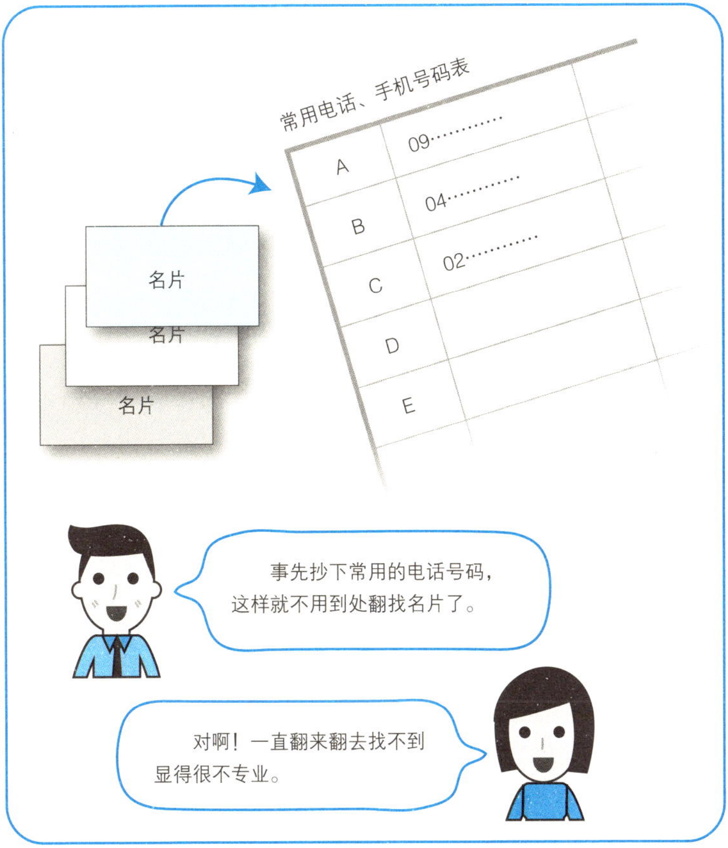

⑦ 年度目标总检验，预先拟定未来一年的目标

人有许多梦想，要实现梦想必须经过很多步骤，因此分段实现是相当重要的规划，检视年度目标就是确定分段实现梦想的方法。

假如年轻人小王想要自己创业开咖啡店，但是家中没有办法给他提供创业的资金，那么他就必须通过分年计划来逐步完成自己的梦想。他可能评估创业要有100万元的小额资金在手上，另外他要选定一个地点，还有掌握咖啡的相关知识与技巧，并且具有营销的能力。如果他预计在3年内达到这个目标，那么他的年度计划也就相当明显了。

开咖啡店的创业资金，每一年要能够存下33万元以上的金额，3年后就可以达到100万元的资本；另外，3年内必须掌握咖啡的相关知识，以及经营的手法。因此，在充满热情的创业计划中，可能要规划在下班后，或者利用节假日到咖啡厅兼职，以此获得足够的自我训练。为了寻找适当的店面，每天外出时都是一次市场调查，要仔细观察经过的咖啡店怎么经营，并且观察市场的状况。

然而，这样子真的能够在3年后自己创业开咖啡店吗？以

下，我们将分析手账中年度目标的规划，来告诉你如何一步一步达成自己设定的目标。

预先拟定目标的方法

像小王的情况，他一定是一边上班一边往自己的梦想迈进，所以他在拟定年度计划的时候，就要兼顾上班以及自己的梦想，因而他的计划有一部分是工作目标，另一部分是梦想目标。

拟定工作目标时，最好的方式是先好好理解公司接下来的发展目标。通常一个公司都会有年度的发展目标，这些目标的设定是公司高层和股东们决定的结果，所以由上而下的员工都要为此目标努力。所以，工作目标一定要跟着公司年度目标走。

小王心中的梦想是自己创业，因此他也有资金上的需求，他必须给自己安排更多的收入。而且，小王要完成梦想，必须要有专业的知识，所以他也必须安排学习计划，提升自己的第二专长。

主线的人生目标，该怎么有效达成呢？最重要的就是把自己的目标量化。例如刚刚谈到小王想要准备100万元的资金，那么对他而言第一个要思考的数字就是现在每年要结余33万元以上，才能在3年后达成目标。33万元摊到每个月，每月必须结余近3万元。

学习计划也可以量化。例如第一年里，一周7天他利用节假日前往咖啡店打工，借此增加实习的机会。等到第二年，每周工作日晚上选出1天，到咖啡店打工，增加在咖啡厅工作的时间，到第三年可以投入更多时间在咖啡店里。这样预计第四年时就可以把所有时间投入在自己的事业上。

寻找店面与市场调查也一样可以量化，例如把全台湾最受欢迎的咖啡厅都罗列出来，然后规划自己在每个月的时间里要探访多少家咖啡厅，并且做多少的调查报告。照这样做，就可以在3年内完成市场与产业的调查。

简单来说，你不一定要像小王一样怀着开咖啡店的梦想，但是拟定计划时一定要兼顾工作与自我发展，并拟定步骤，将一切目标尽可能量化。

表3-11 规划人生要考虑梦想的远大与可行性

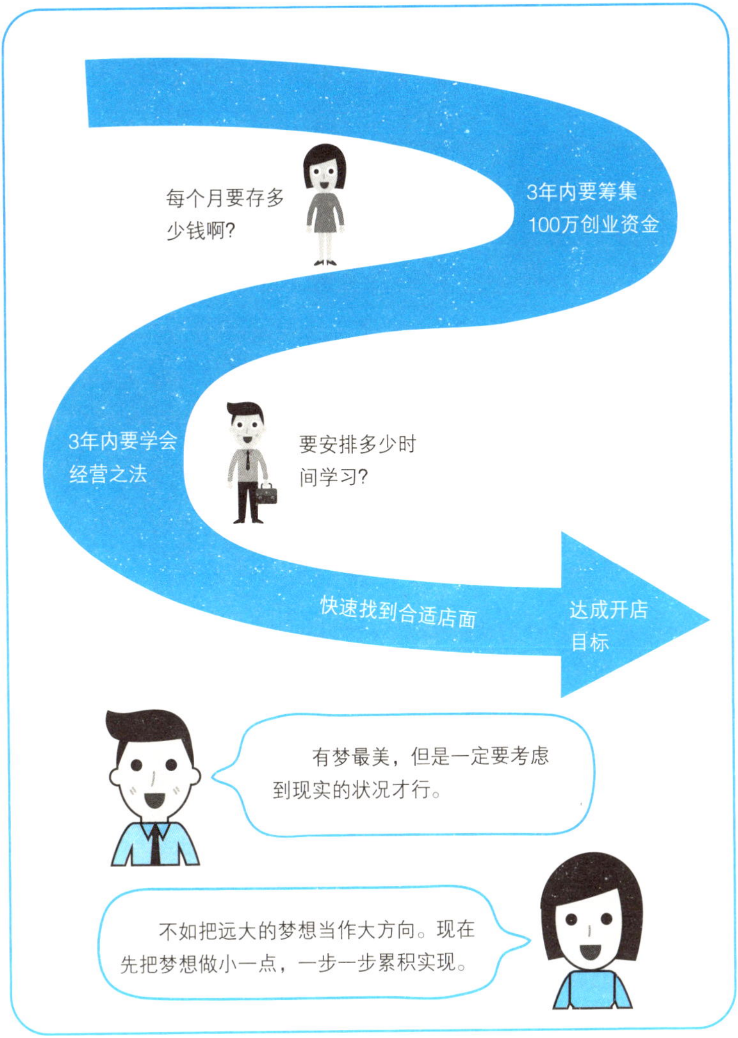

目标要合理可行

当我们看完小王的目标以后，第一个想到的就是可行性。从金钱上来看，他在缺乏家庭支援的状况下，要每个月存将近3万元，与现实的状况并不太相符，可能对小王来说有相当大的困难。从时间上来看，小王规划节假日到咖啡厅打工，他几乎没有任何休息的时间可以弹性运用。再加上市场调查的数量可能不少，让人怀疑小王是否有足够时间完成这些规划。

从小王的例子中可以看到，拟定年度目标最关键的就是要合理可行，如果发现目标很难执行，就要进行调整。例如小王每个月要存款近3万元，除非他的薪水是相当高的，不然基本上存不到。所以，他对自己实现梦想的时程，或许应该从3年拉到5年，这样子更有可能达成自己的目标。想想看，小王多出两年的时间，他的经济与时间压力都会跟着减轻，这样的计划更能兼顾工作与自我发展。

不过，我们拟定年度计划时，是希望能借由计划来突破与提升自我，所以也不能因为困难，而无限制地放宽标准。请记得要能突破与提升自我，计划本身就需要具有挑战性。像小王把时间拉长到5年，就是考虑到可行性而调整，整体计划仍有相当的挑战性，要达成目标，小王必须全力以赴。但是，如果小王一下就把时间延长到10年，这个计划似乎就没什么挑战性了。

拟定年度目标时，一定要稍微给自己一点压力，唯有如此计划，执行完成后，自己也才能顺势提升全方位的技能。

检讨的对象是什么

年度目标制定以后，手账上的月目标、周目标，都要跟着年度目标来进行。也因此，每一年过后，检视自己的年度目标时，要先看自己周目标、月目标有没有达成。

你可以分两个部分来思考自己的成果。就是量化指标是否分别达成。检视量化指标其实相当容易，只要对比数据，就能知道自己的执行程度。

另外一个就是可行性的再评估。我们设定计划的时候都会把目标调高一点，但是不见得每个目标都可以达成，在年度评估时，如果发现执行上并不容易、有实质的困难，调整目标是个好方法。

⑧ 把自己、家人和亲友的生日或纪念日标记出来

手账除了记事外，也是经营人际关系的帮手。经营人际关系是一门深刻的学问，你若无时无刻缠着你的人际关系，对方可能会觉得厌烦，而若毫无理由地与对方接触，也会让对方感到莫名其妙，甚至产生反效果。所以，经营人际关系时，最能达到效果的方式就是“师出有名”。总要找到可以跟亲朋好友嘘寒问暖的名义，这样才能理所当然地联络或拜访。

要“师出有名”最好的方式就是事先记录下亲友的生日。现代社会里，生日已经变成很重要的个人节日，大家也习惯在这一天庆祝。如果能够事先记录下这些日子，那么经营人际关系也就变得可以规划与掌握了。

记录亲朋好友的生日与纪念日的好处

通常我们是用年计划表来记录亲朋好友的生日或者纪念日，但是实际执行时我们会比较依赖月计划表。通常朋友的生日与纪念日，我们都会送个小礼物，或者为他们举办一个小型的聚会。这些事情看似简单，但要做得恰到好处、感动

人心却不是那么容易的。

如果能预先筹备的话，那么就不会出现临时要买某某人的礼物，或者因为太过忙碌而忘记某人的生日了。从年计划表上，可以清楚看到这一年之中，有多少亲友的生日需要给予祝福。当然，人际关系的经营最好是能做到个人化的程度，这样才能真正感动人心。你想想看，如果每个人的生日都收到一样的礼物，会有什么感想？如果你的亲友彼此不认识就算了，但是如果他们之间也有联系的话，那这份“相同的礼物”在观感上就显得相当没有诚意。因此，记录亲友的生日与纪念日，其实就是规划人际关系经营的方式。

通过年计划表的内容，我们可以一目了然地看到亲友们在一年当中人际经营的时间列表，清楚对象与执行时间。这时候，你可以快速地回想，这些人当中是否有谁说过或表示过他喜欢、想要的东西。你可以利用彩色笔，先在他的名字旁边做标记，这样子送礼物就有了方向。

当然，人们并不会直接说出我想要什么这样没有礼貌的话。在我们的教养中，含蓄是一种美德，我们比较不会表达自己想要什么。虽然如此，但是我们还是可以从亲友生活中的蛛丝马迹，分析出符合他们内心所想的礼物。

举个例子来说，有一位同事经常说他想去日本旅行，并且表示对日本动漫文化感兴趣。我们不太可能在他生日时，送他去日本玩。但我们却可以在他生日到来之前，预先想好礼物，让他收到时可以和“想去日本玩”产生呼应。

可能你会直接想到，送他一本日本自助旅游的相关书籍。这时可以随手记在手账本里，等时间靠近点或者看到不错的书籍时，买下来当作他的生日礼物。或者，在他生日之前你有机会到日本一趟，就可以为他找一份专属的礼物。除此之外，你提前设想生日礼物，可以寻找更深入与独特的礼物。

以上所说的虽然都是假设的内容，但是之所以能够细致地为亲友准备礼物，全是因为事先在手账中标示出日期。你想想，如果你全然没有掌握亲友生日的日程，你就不会去思考该送什么礼物的问题，很可能你从日本回来以后才知道某位亲友的生日快到了，而刚好他又喜欢日本。此时你才懊恼，“早知道就在日本买个什么送给他”。所以，用手账记录亲友的生日，好处就在于可以把送礼的构思时间拉长，并且在生活中观察对方的喜好，以及寻找适当的礼物。

排定每月祝福日

有了祝福的内容，再来就是排定行动的日期，这个时候就需要月计划表的协助了。

事实上，行动的时机常会影响到对方的观感。最好的状况是生日或者纪念日当天送礼。庆祝日当天收到礼物，亲友一定会觉得相当开心。但是这样也会有不足之处，那就是知道亲友生日的人可能很多，如果都集中在当天赠送或者问候，很可能因为收到的礼物与祝福过多，反而产生“礼物疲劳”“祝福疲劳”的现象。说不定，一转眼就忘了你也有送礼这件事情。

所以，在亲友生日或者纪念日时，如果有送礼的打算，最好的时机是在生日或者纪念日的前几天。你可以自己设身处地地想想，如果有天上班，你在桌上看到一张卡片，上面写着：“再过三天就是你的生日，为你献上祝福和小礼物，希望你会喜欢。”我相信，你一定会从收到卡片的这一刻开始，高兴到生日过后。所以，提前几天让你的亲友收到祝福，会是最有效果的时候。

到底提前几天祝贺，月计划表可以提供你规划的依据。其实为朋友祝贺生日与纪念日该怎么安排，与这个月有多少朋友需要祝贺，以及生日集中在哪几周有关系。有些读者可能会说，想那么多干吗，每个月初就针对这个月生日的亲友进行祝贺就好了。确实，人际关系在职场与生活中是相当重要的，但却不是全部，我们都还有自己的工作与生活，因此不可能投入全部的时间在经营人际关系上。但是，如果每个月对亲友祝贺一次，那么就可能会出现不及时的问题。各位一定有遇过公司联合庆生的场合，许多公司喜欢选在10日发薪日时庆祝本月寿星。这时你会发现，有些30日出生的同事，离过生日还早，而2日出生的同事，却已经过了生日。

这种情况对公司举办庆生是无伤大雅，但如果个人这样做，就会让人感觉到缺乏诚意。在这里提供两种方式，规划祝贺的时间。第一种是以两周作为一个单位，对两周间生日的亲友进行祝贺。第二种是缩短频率，大约十天作为一个单位，对10天间隔中生日的亲友进行祝贺。这样子在一个月的时间里，会有2~3回是在处理祝贺亲友的事情，对于工作与生活并不会产生太大的影响。

读者需要注意的是，这种设定间隔处理祝贺之事的方法，并不适用于每个人，特别是那些与你相当亲密的人，例如配偶、子女，或者真正的朋友，你都不该使用这种制式的时间来进行祝贺的。像这些亲密的人，你还是需要为他们排出特别的时间来祝贺，这样才能让彼此的情意更为浓厚。所以，别忘了再拿起色笔，把亲密的亲友涂上特别的颜色，为他们排定祝贺的时间。

时常回阅过往，让自己变成人际关系的高手

既然祝贺亲友生日或纪念日带有人际经营的含义，那么一定有某些人是头一次进入你的“祝贺行动”之中的，这些“第一次经营”的朋友，请你一定要特别标示起来，以便未来查阅过往手账时，可以知道与某些人认识多久了，互动的关系如何。通过检阅自己过往的手账，可以对自己人际关系的变化看得一清二楚。

时时回顾自己的人际关系，可以让为人处世更为圆融与周到。像是你长期关注某些朋友的喜好，你就会越来越了解这个人。除此之外，你也可以从过去的手账中，看出自己在别人心中的分量。例如，有些人除了用手账记住亲友的生日与纪念日外，也会记录自己生日时收到的礼物与祝福。

当你做了这些记录以后，突然间你会发现，有些人虽然在你祝贺名单里，但是似乎从来没有与你有过礼物的交流，也没有与你有过祝贺的互动。你也会发现，有人不在你的名单里，可是却主动为你的生日祝贺。这种现象虽然不能拿来判断自己人缘的好坏，物品的交流不一定是人际关系的全部，但你可以从自己与每个人的互动中，整理出多元的互动模式：某一群人是要经常以礼物等形式主义的方式维持关系，某一群人是以其他方式维持。也可以发现哪一些人际关系是新增的，哪一些人际关系是很久没有联系的。

在年计划表与月计划表中记录亲友的生日与纪念日，看起来是为亲友祝贺，但却可以长久累积自己人际互动的信息，久而久之你可以通过这些信息回想某些互动的细节，并且调整自己与他人互动的模式，有助于各种人际关系的进展与改善。

在环顾亲友的生日与纪念日之后，请读者一定要记得，不要忘了自己的生日与重要的纪念日，毕竟在我们忙于工作之余，仍有许多关心我们、爱我们的人在我们身边，生日、重要的纪念日其实不只是为了自己，更是为了感谢那些时时刻刻支持我们、在身旁守护我们的人，他们可能是配偶、子女、父母或是至亲好友。看看手账上自己的生日，结婚纪念日，父母的、孩子的生日是否已经标注清楚，好好想想在这些重要的日子里，如何让他们感受到你对他们的情感与爱意。

表3-12 记住亲友的生日并给予祝福

星期日	星期一	星期二	星期三	星期四	星期五	星期六
1 远哥生日喜欢贵气的东西	2	3	4	5	6	7
8	9	10 小莉生日 喜欢小物	11	12	13	14 祝贺日
15	16	17	18	19	20	21
22	23	24	25 李子生日 （首次） 吃货	26	27	28 大仙生日 喜欢球鞋
29	30	31				

上午	
下午	
晚上	和远哥吃饭18: 30拆信刀

亲友生日是表达感谢最好的时机，过去没机会表达的谢意，可以利用对方生日的时候，好好感激一番。

早早记下对方喜欢的东西，可以投其所好。

⑨ 密码归类化，只要自己看得懂

在这个单元的内容里，我们经常看到“密码”两个字。为了不让人探究隐私，我们试着用编密码的方式来对某些事情进行隐蔽。所以，密码就带有秘密的意义。

我们谈的手账密码，除了秘密以外，实际上还有几项明显的特色。其一，手账密码把很多事简化。例如“会议”简记为“会”，拜访客户简记为“访”，处理客诉事件简记为“客”，通过密码的方式，也让整个记录更省空间。其二，手账的密码也让记录的事情符码化。例如董事长用符号表示就采用“◎”，自己的主管用“○”，其他部门的主管“●”，和自己合得来的同事用“△”，每次都跟自己作对的同事就用“▽”。

从以上简单的例子可以发现，密码能增加工作的效率。像上面这种密码，很容易会被同事看穿，甚至主管或老板也能很快地从文字或符号中找到相关的线索，知道你在记些什么。

还有一个问题是，如果使用过多的密码，很可能会造成混乱。这一节的内容就是要教你，如何帮自己设计实用而方便的密码，不但简化记录，自己难忘，而且还不会被人看穿。

以其他语言编码

密码最怕混乱，如果只是把“会议”简记为“会”，那么你在写手账时，这个密码的“会”很容易就与其他的记录混在一起，时间一久可能连自己都难以分辨。

所以最好的密码设计方式就是以其他语言作为密码的来源。那么，对于手账，最好的方式就是用中文以外的文字来编码。可是若照字母顺序，如英文的A B C D、日文的あいうえお，那么一下子就会被人看出规则。被发现规则的密码，被破解是早晚的问题。

虽然个人手账的密码就算被破解也不会造成什么严重的问题，但是既然有心设计密码了，那就要让自己的密码更具隐秘、简化的特性。有一种简单的密码设计方式，就是你在其他语言中寻找一句你熟悉的句子，来做编码的基础（当然前提是你对该语言有一定的认识）。

我相信多数的读者都看过《泰坦尼克号》的电影，电影中男主角在海上大喊“I'm The King of The World”，这句简单易懂的台词，就可以拿来编码。首先，我们把这句话中每个词的开头照顺序取出，即“I、T、K、O、T、W”，其中的T字有两个，我们把它当成一个来使用。这时候，你可以把要编码的事情顺序化，分别套到字母上。例如在公司里你会接触到董事长、很多主管、同事、下属以及顾客，你就把这些公事上接触的人物按照职务序阶编入设计的密码："I（董事长）、T（主管）、K（同事）、O（下属）、W（顾客）"。你如果忘记编码，只要念一次这句耳熟能详的台词，你设计的密码就会浮现。

所以，摊开的手账本上如果写着"14:00与董事长面谈"，你的同事可能会很惊讶地猜测，董事长为什么要找你？或许马上就会引来同事的关切。可是如果你写的是"1400I"，我相信只有你懂这是什么意思。

如果你用日文也可以编出类似的效果。像是"おげんきですか"是日文的"您好吗"，你就可以用"お、げ、ん、き、で、す、か"这几个字来编成密码。

除了文字以外，符号也是可以用来编成密码的，像"◎、○、●"等，都可以作为密码的来源。另外，你也可以试着把颜色加入编码的行列，这样子有限的符号，也可以有多重运用。不过，设计密码要让自己好记，别人又看不出来，这才是最重要的。至于密码多或者少，则是其次。

密码要能恒久使用

设计密码其实是要方便自己记录，同时又要有隐蔽性。为了达到有效的隐秘，要让密码单纯化，一个密码只代表一个秘密。你想想，一个人如果知道太多秘密会变得很辛苦，因此他会很小心地说话，以免不留神说漏了嘴。

密码也是一样，如果一个密码本身代表了太多秘密，我们虽然不用怕密码自己会把秘密说出去，但是当同一个密码中藏有太多秘密时，到最后设计密码的人会因混乱而放弃。

举个例子，如果我们用某个字母代表公司的某个人，那么就让这个符号代表这个人就好。千万不要把自己对这个人的评价与感情放进去，因为你对这个人的评价是好或坏可能随着时间变化而改变，对这个人的喜好或讨厌也是会随着情境变化而变化。因此，如果设计密码时把这些会一直变化的事情也设计进去，那么当变化来临时，密码也就会跟着失效。所以，设计密码必须要考虑到恒久性。

选择不变的事物来设计密码就成为相当重要的事情。在公司工作要能清楚分辨出会变的因素以及不会改变的因素。像是公司的人是流动的，可能因为离职、升迁而消失，或改变他的地位。但是公司的职称是不会变的，所以选择设定密码时，比较好的选择不是设定人，而是用公司的职称来设定。

同样地，你所涉及的业务也可以编成密码。前面我们提过，手账其实是一个“个人大数据”的概念，通过手账你可以知道自己所有的动作中，哪些事情是你最常做的，找到以后再编成密码。

像当父母的人都有工作后要去接小孩的经历。为了怕忘记，你会在手账上写上“到学校接小宝”“到补习班接小宝”“到外婆家接妹妹”等。设计密码时，你要仔细分析这些信息哪些是恒常的，哪些是不停变化的。在这个例子里，恒常的关键字就是“接孩子”，一直变动的是接小孩的地方。所以，你编辑的密码就是用来指“接孩子”这件事情，至于其他的时间地点，则另外用其他颜色的笔标注上去。

密码除了用来隐藏自己的事情外，更进阶的作用还可以拿来当障眼法。就以上面的“接孩子”为例吧，有人曾经把“接孩子”设计成密码“PC”，其实意指“Pick up Children”。但因为“PC”是很通俗的用法，也可以指计算机，所以即使你的手账被别人看到，或者真的被人询问“PC”是什么意思，你可以笑笑说这是我在学“计算机”的时间表。

这个例子告诉我们，好的密码不见得要很独特，也不需要别出心裁；如果能够让别人误解，自己却知道其意义，这样就能达到简化记录且保护隐私的作用。当然，即使你已经编写了很好的密码，也还是要记得，使用密码时别忘了彩色笔带来分类的便利。想想看，既有密码又有颜色的手账，看似缤纷的内容，实际上是井然有序的。

表3-13 符号密码只有自己才能心领神会

记号	职称
◎	董事长
○	自己主管
●	其他部门主管
△	同事

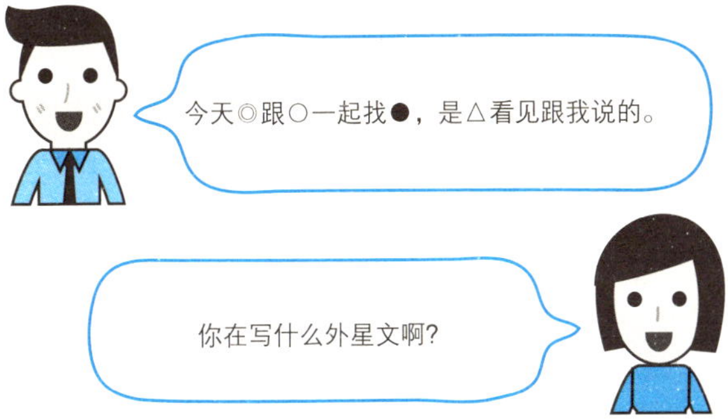

⑩ 会议记录、会后追踪效率

不管在哪个地方工作，“开会”是每个人都有过的经验。许多公司的会议开完，经常议而不决，或者对于会议决议的事情没有进行追踪，以致于开完会无法解决任何问题，反而浪费了大量的时间。

另外，有些主管或老板喜欢长篇大论，可是又讲不到重点，好像不说点话无法展现他的权威，因此主管或老板花很多时间在会议上聊感想，或者训话。但会后想想，主管或老板在会议上讲的事情，好像跟工作一点关系也没有。

又或者你是一个主管，当你召集的会议结束后，你的下属仍不时来询问会议上所决议的事情，并且没有办法在期限内很好地完成工作，或者根本不知道自己应该负责哪些业务。

如果你发现在你身边举行的“会议”有上面说的状况，先别骂“猪头老板”，也不用怪罪“猪一样的队友”。这里教你用手账，立刻改善这样的情况。

手账速记会议三资讯

一般来说，不管你是董事长、主管还是基层员工，参加会议之后一定要自己对会议做一个简短的记录。这份简短的记录不是要将会议的过程记录下来，而是把会议的“结论”与会议预期的“未来”写下来。

为了掌握“结论”与“未来”，开会时你要把三件事情写在手账之上。第一，把会议的决议内容记录下来，通常是希望的成果。如“3月份完成市场分析”“季销售目标达到多少”“活动器材访价”等。第二，把议决内容的完成期限记录下来。会议中经常会指定完成工作的期限，例如老板可能告诉你，这个任务两周后要完成。但是你记录截止日期时，不能写两周后。要善用手账的月表，如果是两周后，要立刻从月表中找出确切的日期，并且将之标注于决议内容之后。第三，记下决议事项的负责人。在记录好决议内容以及完成期限后，一定要把事情的负责人记录清楚。像某件事情是由某个人负责就记录某个人，由某个部门负责就记录某个部门。

这个记录做好了以后，将有助于你管理自己的事务，以及用公司的视角来完成任务。

表3-14 会议记录做得好对自己有利

提案人	决议	负责人	截止日期
董事长	改善客服流程	业务部	10/10
策划部	提出春节旅游策划方案	业务部	10/18

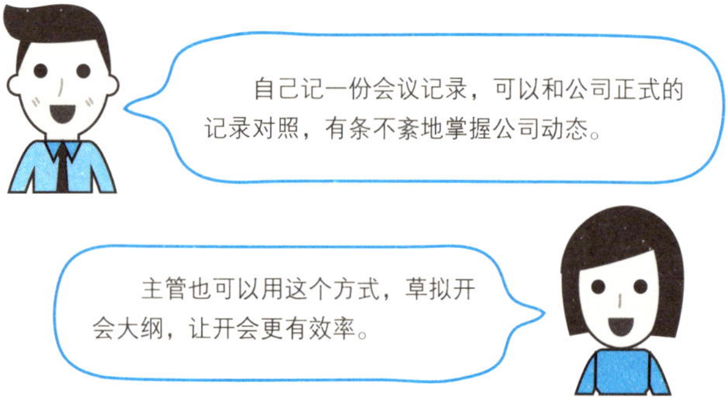

管理自己的事务

当会议结束之后，通常都会由秘书或者专人将本次会议的记录，传送给公司主管以及与会者。收到会议记录之后，要立刻与自己的笔记核对。因为记录的人与自己很可能对会议内容有不一样的理解，如果出现差异要立刻询问或者厘清。

确认会议内容无误后，记得要将所有会议上决议的日期都标记在月表与周表上，这样子可以方便查询。至于日表上是否要标记？要的。只是读者可以稍加筛选，将会议上属于自己该进行的事务，填入日表当中。这样开完会后，就可以清楚知道自己要负责的任务是什么，以及与其他部门协作的工作又有哪些。因为知道任务完成的最后日期，因此可以充分安排自己的时间。最好的状况是能够提前完成任务，这样可以有充裕的时间检查与作补充，让事情做得更好。其次是事情做好了，刚好也到要求的期限。没关系，没有超出时限。最坏的状况是，眼看着任务相当多，根本没有办法在预定时间内完成。像这种情况发生时，你可能在自己的日表、周表或者月表里，早就看到这样的问题。可以预知自己某些事情无法如期完成，这时你就必须事先与主管或者老板商量新的时程或重新调配人力。

会议过后，稽核员工成效的时间也是有迹可循。一般公司都会选在下次会议之前。有了手账这位“小秘书”，就可以在开会之前清楚知道自己目前负责的业务有哪些，会议上如果被问到工作状况，也可以有条理地应答如流。

表3-15 月表上呈现会议记录的时程

星期日	星期一	星期二	星期三	星期四	星期五	星期六
1	2	3	4 改善客服 新年旅专	5	6	7
8	9	10	11	12	13	14
15	16	17	18	19	20	21
22	23	24	25	26	27	28
29	30	31				

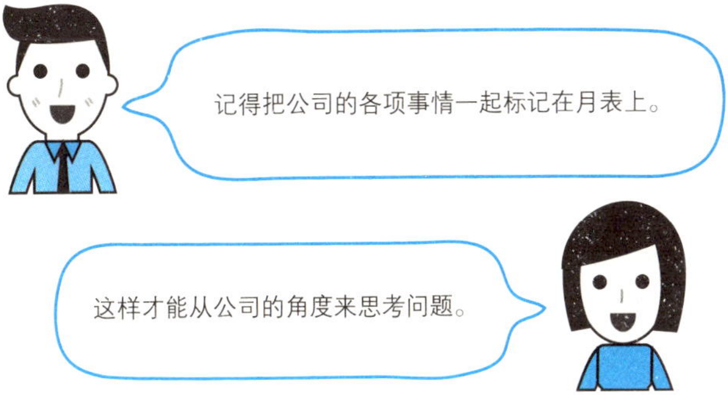

从公司的角度来完成任务

在手账上用简便的方式记录三项会议信息：会议结论、完成日期以及负责人，往往会带给你意想不到的管理效果。当主管或者老板的人，可以在会议前写好这三项信息，这样就不怕主持会议的时间无法控制，或者不小心离题而没有把重点说清楚。

在检查会议记录的时候，也能够快速掌握记录是否抓住要点，而且可以时时追踪下属的工作状况，并且发现下属执行上的问题。

如果你只是一个基层员工，你也可以紧盯着这三项信息。你会发现即使冗长的会议，你也可以清楚地整理出公司希望员工做的事情。

通常会议过后，主管都会询问员工有没有问题。或许此时，你就可以依照这三项信息来做询问与沟通。例如当完成日期没有提及时，可以向主管反映；再如当自己身为负责人但是工作过多时可以提出协调。

一个会主动关注公司进程以及协调的员工，会很快被认为是主管或老板的帮手。而能达到这个目标，全是因为你善用手账，记下了会议的重要信息。

表3-16 周表、日表专记自己的业务

日	10/8	
一	10/9	确认旅行路线商品规划完成
二	10/10	
三	10/11	主管确认完成
四	10/12	旅专广告会议
五	10/13	黑色星期五防止○突发奇想
六		
备注	本周主要工作完成“旅专”企划18日到期	

10/8	日	10/9	一
上午		上午	旅行路线会议
下午	逛旅展	下午	完成旅专企划的商品规格给主管
晚上	书店看旅游书	晚上	

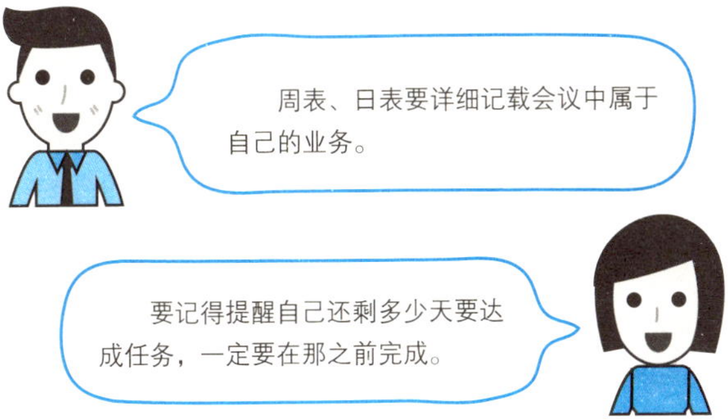

⑪ 分析老板、主管、客户要求模式，谨守“打狗就打狗，不要打到猫”原则

通过手账可以逐渐分析出老板、主管、客户真正想要的东西，让你与接触的客户快速成交，让主管对你另眼相看，让老板觉得你是栋梁之材。

当然，在这里我们先交换一个小小的概念，老板、主管、客户表面上看起来是三个不一样的对象，但是如果放在顾客与销售员的关系上来看，其实老板、主管、客户与顾客并无二致。

客户需要你所出售的产品，所以没有人会怀疑客户等于顾客的关系。但是老板与主管呢？为什么说他们也是顾客呢？答案很简单，老板与主管其实需要你的劳力去完成业务，需要你的智力为公司提供更好的发展规划，你就是劳力与智力的提供者。如果你的老板与主管，不满意你的成果，或者不喜欢你的企划案，那么跟顾客不愿意购买商品的道理相同。所以，找出顾客最想要的，就是找出老板、主管、客户最想要的。

找出顾客最想要的

在公司面对老板与主管时，他们有时候说的话不多，常说这个不行，或者是委婉地告诉你再想想。作为小员工，面对这样的情况常常摸不着头绪。扪心自问，到底是弄错了哪个步骤，没办法让老板与主管满意呢？

先别急着抱怨老板跟主管，不是他们不懂你，而是你不懂他们。这个现象跟商品展售现场，业务员在顾客看过展览品以后，却迟迟无法成交的情况类似。其实不是顾客买不起商品，而是业务员无法了解顾客的真正需求。

当然，当老板与主管退回你的企划案或者顾客远离你的摊位时，再想找出他们心里最想要的，似乎为时已晚。只有在最开始接触的时候，就挖掘他们内心真正的想法，才是最好的时机。

怎么挖掘在人内心深处的真正想法呢？主动提问题是相当好的方式。

我们一定有逛卖场的经验，一逛到电脑区，店员就会过来询问：您选电脑是要文书处理还是其他用途？或者他会直接问你有没有特殊的品牌需求、有没有预算的限制。当你回答完问题后，店员大概已经清楚知道你最有可能购买的电脑是哪一款了。

看，问问题就是那么管用。店员把你需要哪一款电脑，分成三个层面的问题。帮你在用途、品牌与价格上进行筛选，然后直接带你去看最适合你的款式。这样不但节省了许多时间，也形成了店员与顾客之间良好的互动。

你与老板和主管的关系也是一样，要试着在他们交付工作时，就通过问题把他们的想法掌握清楚。像是老板如果有一天突然要你筹备一次员工的聚餐，当你接到命令时，你就要开始问老板问题。你会问老板，是上班日聚餐还是假日聚餐、是吃中饭还是晚餐、中式还是西式、可否携伴等问题。当确认清楚以后，还要问老板预算的相关问题。

像这么一连串的问题，在实际的应用上并不适合，你会显得咄咄逼人。比较柔性的互动方式是向电脑的业务员一样，和老板一问一答。但是，跟老板沟通并不能像店员对顾客一样，套好一定的模式。你必须随着老板的叙述，找出问题与老板对话。这时候，手账就是你的好帮手。

在“会议记录、会后追踪效率”的一节里，我们曾建议读者要把决议的内容写下来。在聆听老板指派的任务时，一样要适时写下老板的决议内容。例如在刚才的例子里，老板指派：“我们来办个员工聚餐。”你就必须把决议内容“员工聚餐”写下来，但与会议记录不同，你不是去记录完成日期与负责人，你是要趁着与老板对话的过程，把执行的步骤弄清楚。

由于要把执行的步骤弄清楚，你可以针对“员工聚餐”

这两组词汇，进行问题的设计。我们举个例子：在“聚餐”之后拉出一条线索速记成“时间／平时／假日／中午／晚上”；然后再拉一条线索速记成“形式／中／西”。这时候，老板可能还在滔滔不绝地发表他的想法。仔细听老板说的内容，他可能已经回答了你的问题。老板如果说：“利用上班日的午餐吧。”那么时间线索就有答案了。

但是如果老板发表想法告一段落，你发现他一直没有讲到“形式”的部分，那么你就可以在此时提出疑问：“选中式的餐厅好吗？”老板一定会给你一个他的想法与答案。

利用手账记录并设计问题，无形中帮助我们思考各种事务的执行步骤，能够让自己与主管、老板之间，有良性互动，在问答之间你已经掌握住主管或老板的真正想法，并且适时补充他们没有交代清楚的部分。如此一来，工作中出现错误或者方向偏差的机会就会减少。少犯错，工作的质量与效率自然会提升了。

表3-17 边记手账边想问题

嫌货的才是买货人

各位在公司上班的读者，一定也会遇过，即使已经依照老板或主管的交代做事，但还是被老板与主管嫌弃。这时，多数人会感到沮丧，甚至生气进而发生冲突。

千万别为了嫌弃的言语而生气，因为“嫌货的才是买货人”。如果一个销售员，可以把顾客经常拒绝的原因统合起来，并且找到一套有说服力的说辞，那么下一次成交的机会就会大为提升。

同样地，面对老板与主管的嫌弃也是一样。你不要陷入老板或主管嫌弃的语言当中，你必须洞悉的事情是，嫌弃的语言其实就是你没有满足老板或主管的要求。只有试图找到满足的方式，才能解决目前的问题。

很多人可能就直接询问老板或主管，请他们指出让他们不满意的地方。这样做虽然方便，但是却容易让老板与主管对你产生负面印象。他们可能会觉得你，为何不自己思考改善的方式。

手账就成为你反省与拟定改善方案的依据。回头看看和老板、主管对谈的记录，以及自己设计的问题，想想是不是有哪个地方没有注意到，或者哪些地方处理得较为薄弱。思考之后拟定一套改善的方案，然后再跟你的老板、主管讨论。虽然是在被嫌弃的情境之下，但是作为员工的你，已经提出一套改善方案。这套改善方案可能还是会被嫌弃，但至少你有再一次和老板、主管讨论的机会，并且成为判断你与管理阶层思维落差之处。

手账历次讨论与问答的内容，就是让你逐渐与管理阶层同步的最佳利器。

⑫ 花心思找朋友，不要找敌人

说到朋友与敌人，在生活上与工作上的定义可以说完全不同。在生活上的人际关系，合则来不合则去。有些人实在很糟糕，会伤害到我们。对付这样的人，最好的方式就是少接触、不见面。

可是，在工作场合上就没有这么单纯。常听人说："商场上没有永远的敌人与朋友。"意思就是工作的过程中，考量人际关系时不见得是性情与品性的契合，更多的时候要站在公司利益的角度来做考量。如果以利益做考量，朋友与敌人这种二分法的分类，并不适用于商场的人际关系。

工作上的人际关系复杂，许多人即使工作了很多年，还是很难拿捏朋友与敌人的标准。实际上，我们只要利用手账的记录功能，就能够逐渐累积属于自己的"识人之明"，进而更准确地找到站在自己这边的人，让自己的工作更为顺遂。

更细分的人际关系

在工作场合上，如果有人把同公司的都当成朋友，其他同业都当成敌人的话，那么这个员工肯定无法在公司里待足半年。原因很简单，在工作与执行业务的过程中，所有人的利益是不停变动的。有时候同公司的人利益一致，可以站在同一阵线。但是当你表现越来越优异时，你可能就威胁到另一个人的升迁，这时候你们的关系就不再有利益一致的条件。你的同事可能会开始对你做些小动作，让你觉得处处掣肘。但是，你并不能把他归类为敌人，因为你们每天见面，同时也有许多业务要共同执行。特别是面对其他从业者的竞争时，你们分歧的利益又会因为外来的挑战而统合在一起，暂时忘记内部的矛盾而共同对外。像这种人，你要说他是朋友，可能还不到，因为他没有为你着想，但是你要说他是敌人，大概也不行，因为在商战中，你们要彼此合作。故而，更细分的人际关系是绝对有必要的。

朋友其实是带有感情的人际关系。是朋友的人，会在你失落时鼓励你，在你失败时支持你，不会希望你出丑或者失败。所以，他们也会在适当的时候规劝你，甚至讲些让你觉得很刺耳的话语。请读者仔细想想，要获得这样的朋友需要花多少时间？然后，你再想想自己进到公司的时间有多久了。当两相对照之下，你会发现同事并不等于朋友，充其量他们只是你工作上的盟友。

建立盟友的关系需要许多条件，只要我们“利益一致”，我们就会是盟友，只要我们“不会互相冲突”，我们就会是盟友。盟友之间的条件比较少会考虑，我觉得你“这个人很好相处”“你性格不错”。即使有，你也必须帮对方把话补齐，“我们利益一致，所以我觉得你这个人很好相处”，或者“我们之间不会冲突，所以你性格不错”。读到这里，你应该心有戚戚焉，工作上的人际关系就是这么回事。

由于盟友是有条件的，因此当条件消失以后，关系也就不复存在。但是，不再是盟友的人是不是就会变成敌人呢？那可不尽然，敌人的特色是不管何时都要置你于死地。在一个企业里，不太容易出现这种逞凶斗狠的角色。因为企业中如果出现这种必置人于死地的人物，他一定要牵动公司的各个层面，才能打破制度完成他的心愿。打破制度通常是公司最不喜欢的事情，所以如果出现这种人，你大可当一个无辜的受害者，敌人自然会被制度消灭。所以，当盟友的条件消失后，并不会马上就变成敌人，但他们确实会变成你的某些威胁，甚至产生竞争的关系，我们把这样的人称作“对手”。

至此，我们大概知道在工作场合上，最少可以在朋友与敌人的关系上，再区分出盟友与对手这两类。这个原则不仅可以用在分类公司内部的同事上，同时也可以用在分析自己与其他公司的关系。如果分析得宜，那么你将无往不利。但是对人际的分析是要靠长时间的累积，以下就教大家一些简单的方法，让你用手账就可以分析出最好的人际关系网络。

如何量化管理人际关系

既然在公司里不能单纯地以情感来考量人际关系，而盟友与对手的分类又是依据某些条件然后才出现，那么我们运用手账管理自己的人际关系时，可以把相关的指数作出综合的分析，来判断你面前这个人属于哪一种关系。

简单地作出一个象限图，纵轴是对利益的看法，两端分别是“利益一致”“利益冲突”，横轴则是以情感交流来作为衡量，两端分别是“关系密切”“关系疏远”。有了这个象限图，你就可以把身边的关系放到其中衡量。A区是“利益一致”与“关系密切”，这个区域的人可以算是你“坚固的盟友”，因为无论利益或者关系都是比较稳固的。B区是“利益一致”与“关系疏远”，这个区域的人可以算是盟友，但是你要考虑到影响他变动的因素很大。C区是“利益冲突”与“关系密切”，这个区域的人可能是你的“隐藏的对手”，只要有一天利益冲突扩大，超越了你们的关系，那么你们就可能会变成对手。即使利益冲突尚未超过你们的关系，其实你也可以隐隐感觉到彼此的竞争感。D区是“利益冲突”与“关系疏远”，这一区里的人就属于“对手”无疑。

在大略知道周边人物的分类之后，我们会有各种应对的方式，来应对盟友与对手。读者可能会发觉，为何这个象限图中没有朋友呢？简单来说，朋友是要经过长久相处才能知道的，所以很难用象限图来归类。在此也要提醒读者，虽然A

区的盟友看起来会是朋友相当好的选择，但是前文已经提到，同事并不等于朋友。所以要把盟友拉进朋友圈，变成推心置腹的友情，还需要经过自己的判断与观察。

我们很难说谁是朋友，因为多数时候人们对外的表现都是温文儒雅，就像可爱动物区的小动物一般，我们很难从人好的一面断定是否可以当朋友。虽然如此，但我们仍能使用排除法。如果有些特质在这个人的身上出现，那么千万不要随意把这个人拉进自己的朋友圈中。首先，不管人际分类落在何区，一定有一种大嘴巴、爱评论的人。让这种人进入自己的朋友之列，无疑是向大众打开方便之门，你的心情、你的烦恼，全都会随着他的宣传而广布于众。

再者，暗中搞破坏的人也千万别让他进入你的朋友之列。原因很简单，这些人表面上对你各种支持，言语上都说是为你着想，但实际上却在背地里进行阻碍你的小动作，像是有意无意跟主管说几句怀疑你能力的话，或者明明是他抢着把事情都拿去做了，却让其他人觉得大家都把事情推给他。像这样的人，笑里藏刀，可要千万小心。

最后，最好排除全身上下只有负能量的朋友。负能量的同事还可以忍受，因为各自把工作完成也就罢了，可是如果把负能量的同事变成朋友，那你就只能消耗自己的正能量去填补他的黑洞。当然，如果你有无限的光明，并不反对你拥有几个负能量的朋友。

表3-18 整理自己的人际关系，让自己洞若观火

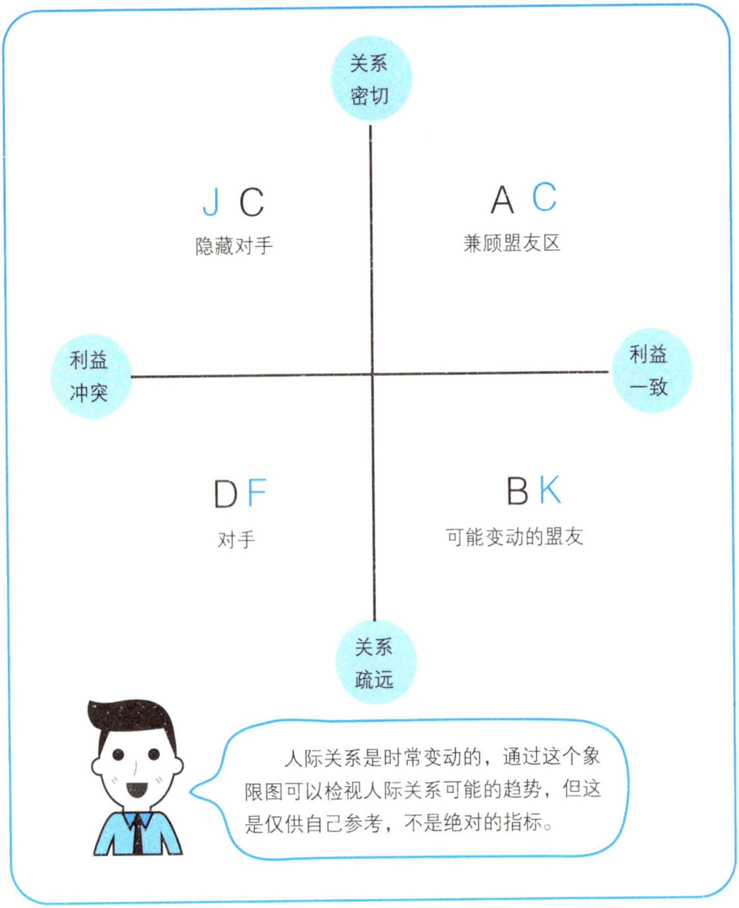

密码化正好派上用场

除了分析同事们的类别外，另外还有几项信息要好好记录，那就是同事能够帮你解决哪些工作的事情。这一点相当重要，在公司里我们会遇到的问题千奇百怪，有时候只需要一些有经验的人就可以顺利解决。因此，除了将公司的人际关系进行分类外，还要建立自己的咨询对象清单。就是遇到什么事情，可以找谁咨询、解决。当然，这种清单跟找朋友一样，都是需要花时间进行观察与经验累积的，所以不太可能一下子就完成，要有点耐性来累积这方面的信息。

建立咨询对象清单可以帮助我们快速找到解决问题的关键人物，但我们也总不好一直麻烦某些人，容易让别人怀疑我们的能力，甚至是无意中干扰到某些人的工作。因此，在建立咨询对象清单的时候，最好也能同时注记“麻烦他人的程度”。什么是“麻烦他人的程度”？主要就是记录麻烦同一人的次数与频率，最好的方式就是在麻烦某人之后，在他的名字后记下日期，下次再麻烦他时，再记下日期。这么一来，一段时间过后，你就会发现自己对某些人的麻烦的频率，也可以从中找到自己工作的盲点，或许能够找到改进自己的方式。

虽然这一节中，都在告诉大家“同事不等于朋友”的观念，但是我们还是希望能跟同事发展出良好的人际关系，因此咨询对象清单中，除了记录“麻烦他人的程度”外，请多注记一项“感谢程度”。接受别人的帮忙后，表达感谢是很正常的事情，这里“感谢程度”是指你实质的反馈，例如请对方喝杯咖啡、吃一餐饭，或者送个小卡片、小礼物等，这些表达感谢心意的事情。通过这样的记录，你可以发现自己有没有把别人的帮忙视为理所当然，从而检视自己是否珍惜公司的同事与盟友。不过，要提醒你的是，不要把自己帮助别人的事情当作“感谢程度”的内容，因为用工作上互相帮忙来表达感谢就太没有人情味了。

最后，分析人际关系是相当私密的事情，要好好运用密码来代替人名与打分数，以免让其他人看见了，反而添加自己的麻烦。

表3–19 人际关系往来记录表

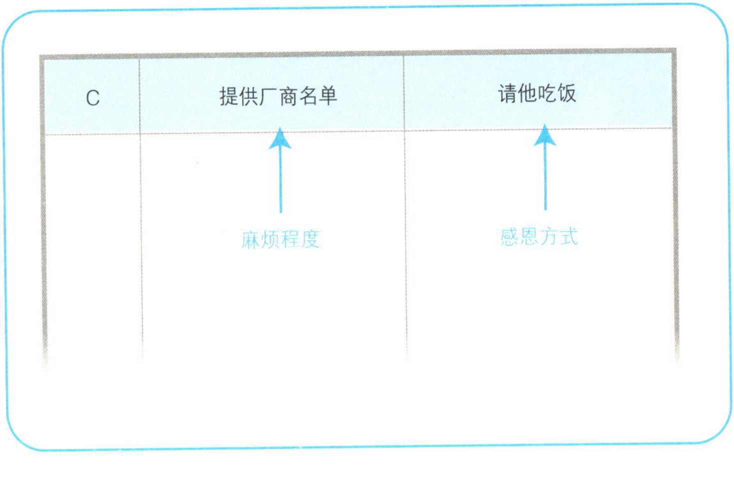

⑬ 手账也可变成剪贴簿，但是一定要有画龙点睛的作用

手账虽然主要是用笔做规划与进行记录，但是很多时候我们有很多事情是来不及写下来的。这个时候，我们就要善用剪刀、胶棒这类工具。

剪刀、口红胶能够帮助我们什么？就是把书写用的手账，变成记录事情的剪贴簿。回想一下在小学的日子里，一定做过剪贴的作业。小学老师会要求从报纸上剪下值得欣赏的文章，贴在剪贴簿上，并且在旁边写下感想。

这个典型的作业是要训练学生随时把值得记录的东西留下来，并且写上自己的想法。从这份值得留下来的剪贴上，发展出属于自己的东西。从这个教育的目的出发，手账也应该时常要剪贴一些随手可得、能激发自己的信息。

保留新奇，刺激创意

很多人会问，那我该剪些什么？其实可以根据你的工作性质进行主题的设定。像我的工作跟创意有关，那么我就专门剪贴那些让我一看就发出“啊！这好有创意”的东西。所以，无论路上拿到的广告传单，还是在捷运站上拿到的报

纸，我都会仔细寻找。只要能让我内心发出共鸣的内容，我就会把它剪裁下来，贴在手账本上。久而久之，手账就成为我的情报信息站了。

说到情报，你可能会有更广泛的搜集目标了。如果你从事3C产品的销售，那么就可以收集各种3C与生活的应用；如果你从事的是卖场经营，那么就可以搜集各种促销方式与商品组合的套装商品内容。

当然，在搜集这些情报时，你必须提醒自己，手账的空间是有限的，所以不能无止境地搜集。因此，当你要用剪贴的方式在手账里“存”情报时，要在阅读的时候就进行筛选。最简单的筛选方式就是把信息分为“跟我想的一样”与“我没有这样想过”两类。那么，在有限的空间里，自然是要把“我没有这样想过”这一类的信息留下来。

剪贴这些信息时，也要尽可能让剪贴下来的内容符合手账的大小，或者折叠起来当作手账的夹页。由于剪贴的顺序是按照日期排列的，因此我们可以在一周结束时，稍微对这周所搜集到的情报进行整理，再一次去芜存菁，或者就像小学时的作业一样，依照剪贴下来的内容，在旁边写下自己的感想。

这么一来，剪贴就能带来更多创造性的动力了。

剪贴生活，意在言外

除了为工作而剪贴外，也要为生活而剪贴。多数人的手账都是为了工作而存在的，你怕会忘记重要的客户约访，你怕会忘记交办的工作，所以依赖手账。可是，如果你稍稍留心生活中的信息，那么手账也会是你情感交流的重要媒介。

生活中其实有很多值得记下的回忆，像是和朋友看了一场很好看的电影，和情人去了一家很好吃的餐厅，或者那天和上司一起喝了很好喝的清酒。如果放在脑子里，可能过一段时间后，就已经忘记电影的剧情、食物的味道，或者清酒的品牌。这时候电影票根、餐厅的名片以及酒标，就成为你回忆的最好来源。

因此，我们生活中有许多信息也可以变成剪贴的内容，这些内容不仅可以是已经做过的事情，更可以是将来想做的事情。像是看到书籍的简介，可以把它剪下来，当作预定阅读的清单。看到一张CD即将发行的信息，可以把它剪下来，当作想要购买的参考清单。这么一来，你可以用笔规划工作，用剪刀、胶棒规划生活。

画龙点睛，才有意义

当知道剪贴可以丰富手账后，我们可以稍稍思考一下自己的状态，是比较需要长期累积工作情报呢，还是太投入工作，需要对自己的生活多一点关注？

假如你必须长期搜集工作情报，那么就从现在开始，注意身边的信息，并且养成习惯在睡觉之前整理完毕，让这些信息可以成为你翻阅手账时的阅读材料。如果你觉得自己的生活乏味，好像都被工作占据了，跟家人聊天都对不上家人的话题，那么你也许可以搜集一些饮食、旅行、展览的信息，贴在手账培养自己工作以外的视野。

今天我们生活在信息爆炸的时代，如果毫无选择地剪贴，那可能会让手账也跟着爆炸，反而失去收集资料的意义。因此，该怎么筛选，就成为一大学问了。

提供给你一个方法，让你用来判断搜集的信息该不该剪贴进入手账。很多人会说，感觉非常强烈所以我要把它收入手账中，这也许是一种判断方式，但是感觉很难说清楚，这不是我们提倡的价值。我们选择剪贴的资料，一定都有一个特色：当你看见它时，突然间脑海中会出现很多想法，特别是自己从前都没有想过的内容。那么这份资料一定要保存到手账中。

还有一种情况就是，当你看到某个资料时，脑中出现无限的问号以及好奇。这显示这份资料已经超出你的知识领域，由这份资料引发的问题也许不能马上找到答案，但是把这份资料贴在手账里，每次看到它就会兴起寻找答案的欲望。这也一定是非收不可的好资料。

有了这两种判断的方法，收入手账的剪贴资料，都将会是启发你最多的信息，并且可以沿着所启发出来的线索，产生新的创意或者了解未知的世界。

⑭ 请做“Lady Gaga”，尽量在手账中搞怪、搞创意

手账虽然是由年、季、月、日的表格所组成，它的功能很明显是记事、涂鸦，但同时手账也是紧紧跟随着你的一本魔法书。它会陪着你经历每件事情，也会陪着你检视自己的得失，更会为你的成功而喝彩。即使你出了差错，误陷失败的罗网，它也可以告诉你哪里出了毛病，拉你一把，让你走出泥沼。

面对这样一本属于个人的魔法书，你可以让它更具有魔力。加一点自己的创意进去，让手账除了记事的功能以外，也像是你最好的朋友，不停地和你的思维与心灵对话。

手绘自己的手账

在前面的单元，多数是告知大家，“写”什么东西进手账，让你的手账可以记下各种信息，但是似乎没有说过，其实你也可以运用手账的空白之处，释放心灵的能量。

举个例子来说，前面曾经建议读者在边角的空白处写上名言佳句，或者写一句检讨的话语。不过边角的空白处，不仅仅可以这样利用，你也可以用绘画来填满它。

“禅绕画”是近年来相当流行的减压活动，绘画者通过不停绘制重复且规律的图样，来达到沉静心灵的作用。各位可能会有所怀疑，沉静的心灵在职场上这么重要吗？是的，职场上最需要的就是冷静的思考与理性的判断，情绪化与感性的选择多数都会导向不可预期的负面结果。如何让自己快速恢复冷静与理性，这是职场成功的关键。

手账的四个角落，就是练习沉静心灵的空间。一开始，你可以用简单的直线，规律的交叉在手账的四个角落，或者以单一的几何图形（圆、三角形、方形）在角落进行对称排列与重叠绘制。

其实这么做，不只是要让你减压。一个人的创意往往跟图像的刺激有关，有时候我们会有灵感枯竭的感觉，看什么文案都没感觉，此时以图画的方式来转换一下心情，或许能激发自己潜在的能量。

当然四个角落的绘图已经熟练，下一步可以试着联结各个角落，这时候你可以开始为自己的手账绘制具有个性的边框了。要是画得顺手，或许你每天可以花一点点时间，为明天、下周的日表与周表进行边框绘制。等你翻开某一页时，不管是你自己还是旁人，都会为你的手账感到惊奇。

除了运用角落绘画来沉静心灵外，你还可以更积极地为自己设计手账。一般我们在市面购买的手账，都是设计好的表格。不过各位一定有过类似的经验，固定的表格并不能符合我们的需求。所以，建议大家偶尔可以用空白的笔记本，来自己绘制手账的内容。

例如我的工作是需要参加各种会议，还记得前面的单元说过要记录会议三资讯，我就自己设计日表，让日表可以成为记录会议三资讯的工具。又或者我需要快速摸清客户的需求，我可以依据“分析老板、主管、客户要求模式”来设计一张属于自己的记录表。简单地说，你可以依据你的需求，以及阅读本书的体会，试着做一张属于自己的日表，以帮助自己完成必要的工作。

加点新元素给自己惊喜

除了自己手绘以外，还可以借助其他外在的小工具来增加手账的丰富度。各位可以回想自己小学时的课本，我们都会用什么方式让它不像课本？我通常会用从文具店买来的贴纸，只是随着我们年龄增长，好像已经不再使用贴纸来点缀课本了。

其实现在的贴纸比起从前更为丰富而多元，除了卡通图案外，各种符号与表情应有尽有。像是检视自己心情的流水账，如果有让自己特别开心的记录，可以贴上一个让自己愉悦的图案，笑脸、心型都行，只要能呼应你的记录就好。如此一来，会有一个好处，就是当你重新翻阅时，你只要看到图或者这些附加的点缀，就会想到当时的某些事情。

说了这么多，这一个单元主要是希望你在手账上书写文字以外，能够运用一些图像的视觉效果，刺激自己的大脑，并且让文字与记忆间形成更多的联结，这样不仅让自己的手账变得丰富且有新鲜感，同时也让大脑有另一种思考的路径。

表3-20 为手账的边边角角加点修饰的设计花边

只要有想法就写下来

除了让你的手账千变万化以外，请记得把你大脑里的缤纷也都适当地记录下来。我们常有这样的经验，就是突然想到“某个事情好像可以做做看”，或者是突然好想读某本书。这些都是突发的想法，但你千万别小看这些信息，它们往往就是引发往后无限创意的灵感。

灵感的神奇之处在于你想找的时候，求而不得，但在无意之间，又像是喷泉一般涌出。人类从来就很难控制灵感，只能不停地搜寻。你看那些作家，可能整天泡在咖啡厅里一个字也写不出来，可是就在回家后听见隔壁邻居的说话内容，突然间文思泉涌，连续写下万把字来。

不管是作家还是我们，等待灵感出现的时间总是难熬的，更为现实的是每项工作都有期限，如果没有办法在期限内完成工作，那么灵感再好也没用。所以我们应该善用我们的手账，让我们在灵光一闪的时候，可以把这些灵感写在手账上，哪怕只是一句不知何来的短句，或者是个模糊的产品模样，又或者是一种觉得很好的感觉，都可以写下来。

当自己觉得灵感枯竭的时候，读读自己写的手帐，或许你可以找出新方案，引发新灵感。即使没有办法产生新灵感，也可能在旧有的记录中，创造出有用的方案。

⑮ 每个人在意的重点不一样，随时要调整出最佳步调

手账可以应用的范围很广，你可以用手账来规划行程，也可以用手账来记账，更可以通过手账的记录，修正自己的行为。在这一节当中，我们针对不同的需求，提供十多种运用手账的方式。

各位读者不见得要每一种都使用，因为每个人面临的状况并不一样，在意的事情也不同。比较好的运用方式有三种。

第一，选择两种记录的方式，并且在一段时间内严格执行。一般来说，手账可以书写的空间不是很大，不可能事无巨细地写。不过，如果记载得太过简单，又会变得单调，以致于许多人使用一段时间后，可能不再使用手账，或者有时写有时没写。

因此，我们提倡使用两种本书建议的方法来写手账，一方面你可以带着某些目的来记录，增加动能，另一方面你也可以借着记录，发现过去从未注意到的自己。

第二，每隔一段时间，思考自己需要改变什么，并且重新设定手账的记录重点。我们强调变换记录的重点，因为当你开始与手账进行互动后，你会逐渐感觉到自己在某些方面

的不足。你可以借由手账，启动改造与提升自己的计划。如月光族的问题，应该是最为普遍的，那么就可以选择治疗月光族的记录方式。我们相信，每经过一次改变，你就可以有一次蜕变。

基于这个理由，不管你是老练的手账使用者还是刚刚接触手账的新手，我们都会建议你，偶尔变换一下记录的方式，让自己因为手账的书写而有检讨自己人生的机会。

第三，依据经验，找出惯性记录的内容。当你运用手账一段时间，也变换过许多记录方式后，你与手账实际上已经取得默契。或许我们提供的建议你记得很顺手，也确实改变与帮助了你的工作，也可能你已经找到属于自己的记录方式。不管如何，坚持下去，每当增加一本手账，你的成就感就会随之提升。

手账更是你个人的“大数据库”。我们都知道，政府运用大数据来制定符合人民利益的政策，并且从大数据来观察政策是否奏效；企业更重视大数据，因为消费者的行为都可以从大数据中分析掌握。换句话说，大数据让现代社会有一个更为综观的思考。

有些人可能会以为，个人很难拥有大数据吧！其实不然，我们只是没有好好记录跟分析自己的行为，所以误以为个人不能运用大数据的概念。后面我们将介绍超倍数高效能手账管理法，让你的手账化身为人生规划的依据。

第4步

超倍数高效能手账管理法

快速与变化是现代社会最大的特色，我们除了忙碌以外，最常感觉到的是“计划永远赶不上变化”，经常在时间紧迫的状态下完成工作或者项目，有时候忙到连喘气的机会都没有，以致于缺乏时间思考现阶段的人生以及可以改善的方向。

无论你再怎么能干，工作上都会有盲点，总会有些坏习惯。这些盲点与坏习惯不见得会造成失败，但是却有可能拖延你实现梦想的时程。

举个例来说，很多人都想在工作一段时间后，自己创业开店，圆自己当老板的梦。可是却一直存不了钱，作为创业前期的基金。他可能从来没发现自己不自觉地把可以存下来的钱挥霍掉了。怎么办？这一点是没有人能够提醒你的。

也有很多人希望能兼顾家庭与事业，但就像八点档连续剧演的一样，最终只是把人生的重心放在工作上。夫妻关系相敬如“冰”，亲子关系一塌糊涂。为什么会这样？不会有人告诉你，你在忙碌中不自觉地忘掉了“家庭”这个部分。

鸿海集团董事长郭台铭最喜欢说的一句话是“魔鬼就在细节里”。确实，存不了钱与忽略家庭的问题虽然不同，但是共通之处是忽略了生活中、工作中的细节，让魔鬼有机可乘，最终只能屈服于生活的现实。

你想找出魔鬼吗？超倍数高效能手账管理法这一部分将

告诉你，如何在写手账的过程中，发现那个从来没有察觉的自己，揪出忽视的细节，在人生快要走偏的时候，拉自己一把，在落后的时候，加快马鞭。

① 彩色 guideline，让你阅读方便，又有目标达成的标示成就感

念书的时候，每到考前，老师就会帮我们画重点。要我们把课本拿出来，跟着老师所说的重点，在课文中做上记号。考前画重点实际上是许多同学期待的事情，因为跟着老师的重点读，就可以考高分。正因为老师说的都是必考的内容，所以我们也就会拿起有颜色的笔，在课本上画线。课本的白底黑字，无论你用红色、蓝色、绿色还是荧光笔，都能一目了然。

颜色的标记确实会吸引人的注意力，所以许多教育工作者都会建议学生用彩色笔来画重点。颜色的运用不仅是对学生有效，对大人更是有用。许多大人物每天要做很多事情、要见很多人，细心的人可能会发现，他们经常拿着笔记本在写。许多大人物随身携带蓝、红、黑三色签字笔，不管见什么人或到什么地方，笔记本一定不离身。一般来说，他们会用蓝色为书写的基底，然后黑色作为重点的标注，红色则是最为重要的内容。很显然，使用颜色来区分信息重要的等级，是人生常用的方法。

我们在前面也曾经给读者提过相当多的颜色建议，像是

区分事情的轻重缓急，或者区别公事与私事等。在这里，我们将更系统地说明运用彩色笔，你可以做些什么，让自己的工作更有效率。

标记重点

使用颜色标记，最基本的功能就是显示重点，这对一个上班族来说是相当重要的事情。虽然多数的上班族可能不是主管级别的人，但是工作量与责任实际上与日理万机的老板没什么两样，可是基层的员工并没有秘书，不会有人提醒。所以，一定要做好自己的秘书，适当地运用彩色笔，在某些等待执行的事情上做标记，避免遗忘，提高自己的警觉。

如某日要到客户的公司进行展示，那么需要携带的器材与资料，是绝对不能出错的。把要带的东西列一张清单，用醒目的彩色笔画出框框来，这样在出发前就会记得再检查一遍。

另外，每个人在工作上都会被指派各种任务，必须要注意完成日期。所以，用颜色标记可以不停地提醒自己截止日期即将到来。或者，可以把学生时期，提醒距离大考将近，在黑板上倒数计时的办法，运用到日表上。以醒目的彩色笔，在日表上写上倒数的数字，然后把工作进度用另一个醒目的颜色书写在倒数的数字之下，这样就可以掌握自己的进度与时程了。

区别分类

使用彩色笔做记号，除了标记重点以外，还可以通过颜色来进行各种分类。我们曾经讨论过每天要记录花费的流水账以及心情的流水账。记录流水账可以清楚地知道自己每天的所作所为，并且逐步调整自己的行为与心态。如果适时加入彩色笔，那么会发挥更大的功效。

我们在做花费流水账的时候，最主要的目的是通过了解自己的花钱模式，排除非必要的花费，进而达到省钱的目的。检视自己的流水账时，就可以运用两色的彩色笔来做区隔。例如，记录流水账的时候，可以使用蓝色的笔书写，在检阅时可以用红色的笔挑出非必要花费的部分。如此一来，可以清楚地掌握自己的消费状况。

又如记录自己的心情流水账，也可以用同样的方法，而且比金钱的流水账更为及时。我们在记录心情的时候，如果能够把正能量与负能量的心情分别用颜色记录，当你回顾自己一天的心情时，你就能很快地掌握自己情绪的变化。

我们也曾经提过人际经营的重要性，特别是记住亲友的生日和纪念日。这里不是要你利用颜色来区分家人、亲友与自己的差别，这样子整个计划表上会显得花花绿绿，让人眼花缭乱。可以选出既重要又需要区别对待的人，以彩色笔标记。像是新的人际关系，第一次帮他庆祝生日或纪念日的人就可以用特别的颜色标记。或者是过去不小心遗忘的重要人际经营，如忘记结婚纪念日，那今年要用特别的颜色标记起来，客户的生日忘记写卡片或发Email，则今年要特别标示起来。

通过这些颜色的提醒，我们可以清楚掌握自己尚未达到目标的事情，或者过去疏忽，现在要加把劲的事情。所以，加入颜色以后，就可以在日常生活中找出细节中的魔鬼。标记它，消除它。

找出关联性

我们的手账本虽然有年表、月表、周表的差别，但是共通的基础都是日表。正因如此，我们有时候在周表、月表或年表上，并不容易把每日之间发生的事情联系起来。

我们都知道，要成就一件事情，是需要经历很多步骤的。可是若从日表的眼光来看，很难看到整体。而周表、月表或年表上记载了整周、整月与整年的事情，许多事情虽然各有系统，但是进入月表或年表的大海中，常常也是让人茫然。

要系统地了解自己，最好的方式之一就是用颜色标记，如此一来每日所记载的事情，就会形成一组“完成工作的步骤图”。在这里并不是要各位读者，针对业务或任务类别来区分颜色（这样做的话你的手账本会变得太过花俏，难以阅读）。希望你记事的时候仍用单一的颜色记载，在重新回看自己的手账时，可以用某些特殊的颜色，把相关事务用虚线连接起来。如此一来，看起来零散的事件，就会成为将来承办相似业务的指南。

表4-1 用颜色标记可以建立关联性

10/8	日	10/9	一
上午		上午	旅行路线会议
下午	逛旅展	下午	完成旅专企划的商品规格给主管
晚上	书店看旅游书	晚上	

10/13	五
上午	企划书草稿完成，给主管 前往拜访旅行社
下午	确认收到 举办聚餐
晚上	

② 标色便利贴，给你的手账一点颜色瞧

手账中的日表相当方便，可以让你把一天的行程与大小事情记载于上，可是不管如何，日表的容量还是有限，在一本手账中，不可能超过一页的分量。因此，我们常常会感到记录的空间不足，或者有些日子记到爆满，有些日子则只有寥寥数语。

还有些时候，你会发现要记录的事情还没有办法确定要执行的日期，事属“待办”，要哪天办还有变动。当这样的情况出现时，我们该怎么在手账上记录呢？显然，我们需要更为弹性的工具，来帮助我们书写手账。便利贴，就能发挥这样的作用。

随时记事，天外飞来一贴

便利贴虽然是大小固定的纸片，但是对于手账的书写空间来说，却是一种扩大空间与保持弹性的工具。大家在手账上书写时都有过类似的经验，有的时候事情实在太多，日表的空间根本不够记录。或者，突然想到该拜访某位客户了，可又不确定他在哪天才有空。这时候就可以借助便利贴。

手账的空间不足时，一张小小的便利贴可以让我们把额

外记事贴在日表之上，不会因为拥挤而必须压缩写字的空间。而对于不确定的事情，更可以利用便利贴。像刚刚所举的例子，想去拜访某位客户，但是还没确定时间。这时候你就可以把这件事情写在便利贴中，然后贴在自己预定的某一天上。在联络之后，或许你预定的日子对方刚好有空，那么这张便利贴就留在此处。如果对方要约别的时间，那你只要把这张便利贴，移到另一日贴上就行。手账本也不会因为涂改，而失去美观。

便利贴就是因为具有弹性，可以即撕即用，用来记录各种可能随时变动的事情，是相当方便的。

便利贴让流程更容易掌握

便利贴之所以方便是因为除了有颜色以外，更重要的是它还可以重复粘贴。因此，当我们在思考执行企划或举办活动时，便利贴会是我们厘清流程的利器。

我们一定都有过在开始执行企划时，思绪千丝万缕，总是找不到最好的流程。以致于一张纸写不到几行就扔掉，或者在计算机上没打几个字就删除。这时候便利贴就是你最好的帮手。

我们可以试着把闪过脑袋的流程，写在便利贴上，并贴到手账的某一页上。这时候你的想法是不成熟的，不过不要紧，只要先贴上去就好。等到把脑袋里的思绪，都写到便利贴上了再移动顺序，厘清因果关系。但这有一个原则要谨守，就是一张便利贴只写一个流程，这样才能方便移动。

执行过程中最适合的流程，不见得只有一种，因此便利贴将有助于我们沙盘推演，并且找出我们的盲点，发现那些我们没有注意的流程。想想看，你如果在一张白纸上写这些流程，那可能是涂涂画画，改来改去，最后可能自己也看不清楚写了些什么。但如果用便利贴，流程的顺序可以随时撕下来，贴在别的地方，或者增加一两个流程来使事情更为完整。

如果你位于企业管理层，那么便利贴也能让你轻易掌握流程中的负责部门。在前面，我们讨论过颜色的重要性，其中一项就是用颜色来表示关联性。当我们拥有流程以后，可以用不同颜色的便利贴来代表不同的负责部门，这样整个流程设计也就包含了对负责部门的管控，事情的质量与效率将会更高。

便利贴也可以用来激励自己

我们把便利贴用作流程的规划工具，实际上加些巧思就可以变成激励自己的小道具。我们在手账贴上流程之后，可以在手账上开辟出一块“完成区”，只要流程执行完成，就把一张便利贴贴过来，随着时间的推进，“完成区”会有越来越多的便利贴，这也就代表工作逐渐走向完成。

这虽然是个小动作，却把抽象的“完工”具体化，让工作中的我们可以具体思考工作的进度，并且知道自己还剩多少没有完成。更重要的是，当我们又揭下一张便利贴，贴进“完成区”时，内心会增加无限的喜悦。

表4-2 便利贴让脑袋更灵活

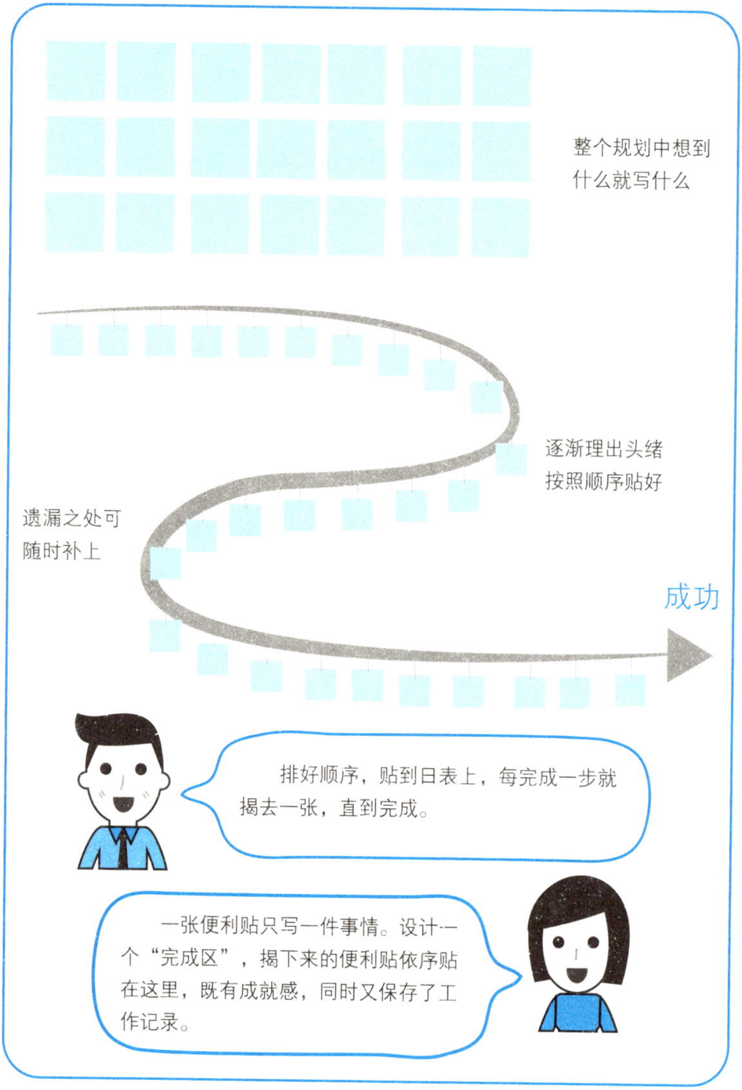

③ 运用手账，创造自己的“人力银行”和“人脉银行”

“人力银行”和“人脉银行”是现代企业管理相当新兴的观念。对于大企业来说，选拔人才如果有个“人力银行”的数据库，那么就可以挑选满足企业需求的人才。这与登报和通过媒体宣传招聘，被动等待求职者上门的观念不同。

近年来，我们也可以看到许多“人力银行”的网站成立，求职者纷纷将自己的履历上传到网站上，成为人力资源库；而企业也将招聘信息公开于其上，并且通过“人力银行”系统筛选适合的人。读者可能已经发现，“人力银行”之所以被称为“银行”，就是因为找工作的人把自己的能力存入银行，而由企业将之提出；反过来，企业把职缺存入银行，由找工作的人提领出来。

同样的概念也可以用在人脉的经营上。我们都知道现代企业或个人发展的成败，与人脉经营有很大的关系。遇到困难的时候，人脉可以助你咨询与解决问题；当你需要合作对象时，人脉可以提供给你合作人选的参考。凡此种种都是人脉的作用。

市面上并没有“人脉银行”，但是我们自己却需要有一个“人脉银行”，并且时时经营。如此一来，才能在需要的时候从中提取所需资源。说到这里，读者可能会想，我该怎么做，才能在需要的时候让“人力银行”与“人脉银行”发挥作用呢？手账实际上就是你的好帮手。

时时为你的“人力银行”存款

既然“人力银行”与“人脉银行”都以银行为名，那么概念也就类似。一个人跟银行往来的项目大概就是存款、取款、贷款、还款四种。若想要时时金钱无虞，一定要有计划地存款。当遇到需要大笔资金时，就需要向银行贷款，贷款后要按时缴还，这样才能保持个人信用。在了解这个概念后，手账能帮助你，为你规划，时时往这两家银行存款。

“人力银行”虽然是一个公众平台，但是你要如何让自己在“人力银行”中脱颖而出？靠的就是你善用手账，规划自己的曝光度。这时候你可以花些时间分析现在招聘所需要的条件，这只需要你一页的空间就可以完成。

举个例子，你希望从事企划相关的工作。那么你可以留意“人力银行”中的招聘信息，看看企划这个工作需要什么样的工作能力。通常我们会看到的共同条件会是有创意、能够独立执行、善于沟通等。相信读者看了这些内容以后，都会觉得自己完全符合条件。但是，和你一样觉得自己符合条件的人可能有几百个和几千个，你要怎样才能与众不同呢？

很重要的一点就是，把抽象的能力变成具体的可以检验的成果。这个时候，你可以翻开自己过去的手账，开始检索做过的哪些事情是可以代表你“具有创意”，哪些事情是代表你能够“独立执行”，哪些项目代表你“善于沟通”。

当你自己列出能够具体化自己能力的内容后，接下来你有两个方面的事情要做。

其一是你有很多可圈可点的成果。通过手账的指引，找出当时你参与的企划与活动成果。将这些成果制作成可阅读的展示，你可以找出照片、剪报或者任何可以让人看到的东西。如果你觉得留存下来的记录太少，可以进一步利用手账提醒自己，在下次有成果产出时，该留下更多的记录。

其二，如果你发现自己好像完全没有达到这些目标的成果，那么你应该要安排自己参与到某些业务中，让自己逐渐累积出“企划”的经验。简单来说，这也是为你的“人力银行”进行一种存款。

当然，分析某个职缺所需要的工作能力时，请同时注意工作能力与薪水之间的关系。基本上某种职缺所需要的能力大致相同，因此薪水也就大抵上一样，但是会随着某些特殊能力的需求，而提升薪水。如对外语的要求，能否配合出差与驻地的服务，都可能影响薪水。这些都可以记入自己的手账，并且安排自己发展相关能力，时时为自己的“人力银行”存款。

表4-3 建立自己的“人力银行”，展现与提升个人专业能力

招聘条件 → 具体化成果

招聘条件	具体化成果
创意高	参与过的企划案
沟通能力强	
管理专才	执行过的专案
外语强	语言证照

赋予专业意义 ← 已做过的事情

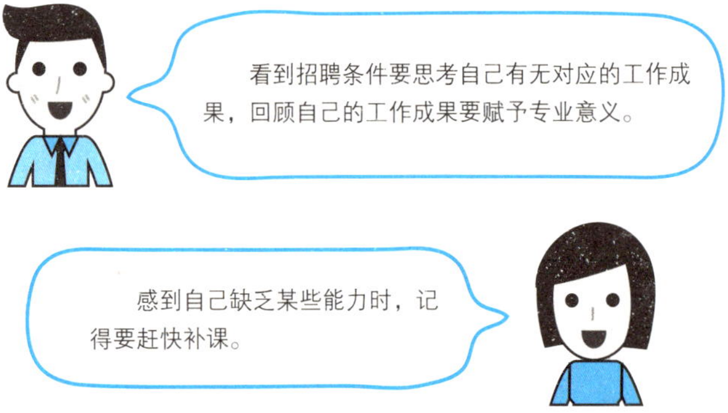

让“人脉银行”充盈而饱满

大家应该都有参加婚礼的经验。婚宴的入口处都有收礼金的柜台，你把红包交给服务人员，他们会把红包的金额登记在礼金簿上。新人婚后，如果遇到要送礼给你的场合，他们就会参考礼金簿上记录的礼金数额，包同价以上的红包或等值以上的礼物给你。

这个小小的动作实际上就能说明人脉经营的关键。或许我们用更白话的方式说，就是“还人情”。由此看来，“人脉银行”能否充盈而饱满，靠的是人情往来。

如果平时你对别人伸出援手，那么在你需要帮忙的时候，是不是别人也会伸出援手？我想很多人的答案是肯定的。那么，手账怎么帮助你，让自己的“人脉银行”更进一步发展呢？这里不是要读者拼命把自己帮助别人的人情记录下来，好在未来去讨人情。如果你真的这样做，你的人脉会变得很功利，大家在接受你的帮助时，都会自然联想到，将来有一天要被你讨回这个人情，那反而会产生负面效果。

最好的方式是像收礼金一样，清楚记下对方送给我们的东西和给予我们的帮助。这份清单不是要读者立刻去致赠等价的谢礼，而是要提醒自己在适当的时候表达祝福、感谢或者伸出援手。只要能做到这项，那么人脉就会稳固而持续发展。手账就是帮助你时时不忘这些互动的过程，并且创造新的互动。

注意身边的人脉能力，让人脉变人力

孔子有一句名言："不患人之不己知，患不知人也。"意思就是说不怕别人不了解我，只怕自己不了解别人。孔子说这段话是要告诉学生们，"知人"的重要性。

我们如果能拥有"知人"的能力，那么就会把"人脉"转换成"人力"。怎么样培养出"知人"的能力？要善用手账，对身边的每个人了如指掌。

我们每天都会与同事或者其他业务相关的人见面，我们也会常常被某些人的行为吸引，这时候请立刻在手账上简单记下一笔，让使自己印象深刻的可以变成可以参考的人力资源。

手账有时候会被他人看到，为了避免麻烦，我们在手账上的记录基本上都是写好的，可以供我们学习的内容，非不得已不要写负面的评语。而且好话要说得精简，如这个人表达相当好，非常会简报以及应答，我们就简单记下"口齿清晰""表达佳"或者"应对好"。某人外语很厉害，与国外客户相谈甚欢，我们就记下"语言强"。这些简单的记录，就是"知人"。累积一段时间后，你可以知道身边的人有哪些惊人的技能，突然间你会发现手账就是你的"人脉银行"。

表4–4 观察身边的人，发掘每个人的潜能，使其成为你的“人脉银行”

10/12	四	10/13	五
上午		上午	拜访旅行社 10:00–12:00
下午	发想会议 15:00–17:00	下午	
晚上	K招商点子多	晚上	M应对强

私人人力银行

K	招商点子多
M	应对强

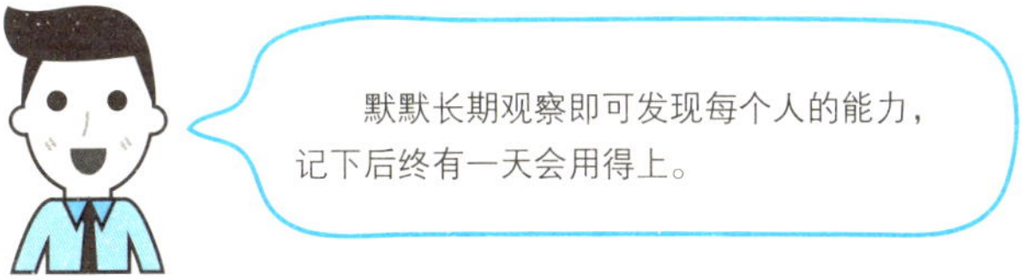

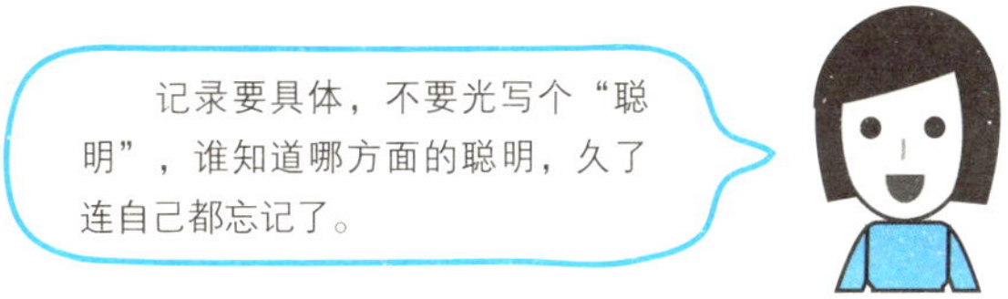

④ 追踪企划案的拟定和实践，没有做到就打红“X”，看你是秃鹰还是树懒

在前面，我们曾经建议读者做“Lady Gaga”，尽量在手账上搞怪、搞创意，也希望读者把各式各样的想法，写在手账中。然而，写下自己的创意与想法是一回事，但是想法要能够实践，这样才不会是空想。

你会发现有些人，一有想法就会立刻去寻找实践的可能性。可是，另外一些人，想法很多，创意也不错，但是要等他的成果，却难上加难。这就像秃鹰跟树懒一样。秃鹰只要看见目标，就会盘旋于猎物的上空，毫不放弃。可是树懒就不同了，树懒的特色就是慢，走一步要花别人三四倍的时间，所以别人走到终点在休息了，树懒可能才正要开始。

虽然执行速度的快与慢并不能拿来判断企划的好坏，可如果一直都是在累积企划案，而没有执行完成的话，我们其实根本不清楚这个企划案的可行性在哪里。缺乏执行经验的企划人员，是没有办法写出符合市场的内容的。

因此，手账可以帮你，每隔一阵子彻底检查自己的点子与想法是否已经实践了。

企划不只看创意，更注重执行率

诚如我们之前所说的，每一个企划案都是要由创意与执行率两个关键要素组成的。手账帮你留住创意，同样手账也可以帮你留意执行率。我们曾经提过善用颜色以及符号，现在就把这个标注系统应用到检视执行率上来。

我们可以设计“○”“△”“X”三个符号，并且用不同的颜色来书写。“○”象征是对的、好的，所以我们把它拿来标示那些我们已经执行完成的创意；“△”则像是已经成形，但未完成的项目，因此我们把它拿来标记那些，已经想了一阵子，也尝试去执行的创意；至于“X”，就是那些沉寂已久，好像也不曾想到要执行的创意。

当我们把标号的意义设定好后，就开始翻阅自己在手账上随手写下的创意吧。你可以开始思考自己到底是秃鹰还是树懒。不过，我们不是要你只是单纯地去画上“○”“△”“X”，而是要更进一步追踪自己的行动，使自己做过的事情可以成为一种可依循的模式。

首先，我们从手账中找出“○”的创意。这些显然是已经付诸实践的创意，此时我们就拿出彩色笔，来实践一下色笔找关联的方法。通过彩色笔，联结起创意的初发之处，以及各个期间的各个步骤。各位读者别小看这个动作，其实你正在建立自己实践创意的模块。

通过这个“连连看”的过程，你可以稍稍检视一下，自己在实践创意时所遇到的瓶颈与困难。这时候的你也别只回想，要适时地把心得再写进手账中，这样才能成为往后的经验。

当自己摸索出自己成功的模式以后，再来检视一下那些画“△”的创意。“△”代表着尚在执行阶段，还没有成果的创意，过去可能全凭它自然往前，然而现在有了自己的模式可以参考后，就可以推估自己目前的执行创意进度已经到达哪个阶段了。同时，也可以借由过去的经验，看看现在执行的计划有没有更快、更好的方法。这些都是经由手账的分析可以马上获得的好处。

从手账中所累积的经验，就可以作为往后实现创意的指导手册。

拟定可以实践的目标，踢掉空想，让理想可以实践

在手账中打“X”的创意，也不是全然没有价值。如果没有手账累积出来的个人经验，我们对于打“X”以后的创意可能会感觉到头痛，甚至想不出为何这些内容没办法执行。可是，当我们利用手账累积出自己实践的模式以后却可以为打“X”的创意做出分类与定义。其中一类就是可以执行的，那么我们可以快速地借由过去的经验，规划出一条可行的道路，按着步骤把这些积累的创意，努力实践一番。另一类是

从过去的经验中，发觉某些创意实际上与空想没什么两样，所以还是应该早早放弃，或者想一个更接近现实以及可以实践的方案。

当然，有些创意是相当有理想性的，这不能把他们当作空想。理想与现实本来就存在差距。这时候，你可以利用手账仔细思考，把理想分为几个不同的阶段性任务，再综合过去的执行经验，设计下一年度的目标，如此一来就有机会逐步靠近你的理想了。

总而言之，手账不只可以追踪自己的创意，更可以通过追踪找出自己成功的模式，然后复制到其他的工作上，如此一来你将会体验倍速成长的成就感。

表4–5 追踪自己，检视自己的创意

⑤ 画出 12 个月达成效能曲线，分析时间运用的效能

“时间就是金钱”，这是上班族都知道的道理，但你如果真去调查上班族对时间管理的观念，你会发现多数人是茫然无所知的。这是一个很可怕的警讯，因为多数的上班族都处于“瞎忙”的状态，没有办法掌控好自己的时间，以致于多数人成了时间的奴隶。下面，我们将为你提供多个利用手账而衍生的小方法，好好透视自己使用时间的方法，并且找出自己的时间管理模式。

以工作成果来思考时间的运用

手账累积的生活轨迹，刚好就是我们用来分析自己时间运用效能的材料。不过，请不要一开始就投入最细微的时间运用分析，而要先透视自己大尺度的时间运用方式，这样才能更完整地找到自己的管理模式。

我们很难知道已经流逝的时间是否被我们有效利用了，所以我们需要明确的指标。时间是否被有效利用，我们其实可以从结果来分析。也就是说，研究自己投入某段时间的努力到底产出了什么样的成果，就可以掌握整体时间运用的

效率。

如果你打算进行分析，最好找一个空当，平心静气地开始翻阅自己的手账本。你会看到自己在一年中有许多已经完成的事情，这时候我们以月为单位，单纯地计算一下每月完成工作的总量。

然后，你可以运用Excel，制成直条图，这个时候你可以获得一份粗略的工作效能图。你可以看看自己在哪几个月工作的成果特别丰硕，哪几个月又是尚待努力。如果，你已经在同一间公司或职位上超过两年以上，你可以比较多年期的直条图，或许你可以在图表中发现自己的成果都集中在某个时期，那么可以预测自己一年的时间该如何分配，以便因应这个集中的时间。

不过，这种图表是最为粗浅的分析，你的成果很可能是因为公司的制度或者市场的需求而集中在某些时候出现，所以这个图并没有办法告诉你，时间运用的效能是理想还是有待改善。

我们可能要借助更多的信息来加以分析才知道，自己是不是有效运用了时间。所以，接下来我们要做的事情是，借着阅读你的手账，回想这些你经历过的事情以及成果。我们来给自己打分吧。

我们给手账中的每个成果都打上分数，这时候请你以5分为基准，为每件事情打上分数（达到最满意的成果给5分，依次递减，不能打0分，因为只要完成了工作，最少就要给1分）。然后，借助Excel中堆栈直条图，把每个月的总分以及个别得分标示在图上。这时候，你会看到另外一幅风景。这幅图表就不是单纯显示每月成果件数，而是成果加上是否达成理想标准的双重评价。

标示所花费的时间，配合成果就知道时间效能

个人的堆栈直条图会显示每个月的成果与评分，这时候我们要找出每一个成果花费的时间。开始的时间要粗略地计算，也就是说我们以月为单位，如果是从4月25日开始，就算是从4月开始，不要去计较几天。

定位好开始的月份后，接下来就从成果的位置往前找出开始的月份，然后计算大致花费的时间。这么一来，你就可以知道，自己完成每一件成果各花了多少时间。

这样做有两个好处：

第一个好处是，你可以知道每个月的效能如何。我们如果把每个月的成绩加总，然后再把每件成果的花费时间也加总，那么我们就可以估算出这个月的效率。简单的公式是“每月效率 = 每月总成绩 ÷ 成果总花费时间”。根据这个公式，会得到12个月的数字，这就告诉你过去一年哪些时候运用时间是最有效率的。

第二个好处是，你可以开始针对每个成果检视其效能。

这里我们不需要用上述的公式。我们只要思考所花费的时间的长短，以及最后结果的成绩的高低。通常每一件成果都会有如下的状况：（A）花的时间长，成果得高分；（B）花的时间长，但是成果得低分；（C）花的时间短，但是成果得高分；（D）花的时间短，成果得低分。

我们整理出这四种预设的结果，最终是为了能够找出更好的运用方案。这4个指标大致可以给我们提供思考的方向：（A）情况发生时，应该思考有些步骤是否可以更为减省时间，让事情进行得更为顺利。（B）情况发生时，应该思考是否有不正确的步骤存在，以致于旷日废时。（C）情况发生时，应该考虑事情是否属于较为容易，或者同时有足够的人力与资源，才意外造成结果的高分。如果排除这些因素，应该将这个案例好好保存，作为可以复制的成功模式。（D）情况发生时，则很明显有投入时间不足的状况。

各位读者为每件成果都注明了（A）（B）（C）（D）的指标后，我们还可以计算出，在一年的成果中，这四种情况分别占了多少百分比（请善用Excel中的圆饼图），这样就可以知道自己的工作习惯以及产出的成果状况，并且从中思考可改善的方案。

表4-6 试着量化每月的工作效能

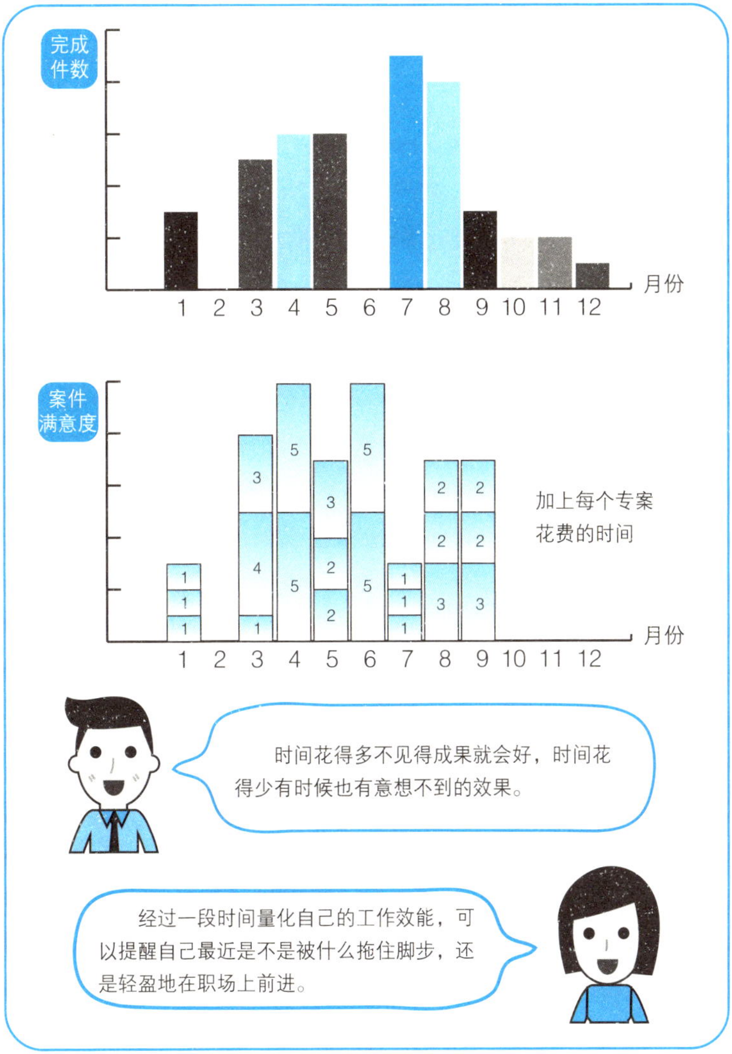

⑥ 时间管理大饼法，看你偏爱做哪些事？还有什么时间可以利用？

如果你对自己的时间运用还不满意，想要更进一步知道自己还有什么时间可以运用，那么你需要圆饼图进行相关分析，让自己知道实际上把时间用到什么地方去了。

记录自己的行动与时间

为了知道自己运用时间的方式，我们在正式进行分析前，要花一段时间记录自己的时间运用状况。

记得念书的时候，我们感觉每天好像都没有念什么书。有一位同学突发奇想，说我们不如买一只秒表，然后只要是坐下来念专业的书籍时，就开始计时。一周下来，我们就知道有多少时间在念书了。计算了一周，大家看看自己秒表上的时间，怎么平均一天不到两小时的念书时间？真的是太少了！但当大家惊呼连连时，我们其实不知道是哪些事情偷走了我们的时间。

以秒表计时，确实是个不错的办法，既精确又不容易造假。但是用秒表的缺点是，一只秒表仅能针对某项事情进行计时，至于其他的事务则无法同时进行。所以，我们还是要用手账来帮助我们记录时间。

简单来说，想要记录自己的时间，就是把自己一天做的事情，清楚记下来，并且标示出进行的时间。为了方便我们自己计算，我们记录时间的方式，也要粗略点。例如，通勤（上班或下班路途所用的时间）上班的时间是8:08~8:23。如果照实记录，最后记录时间的时候会出现很多麻烦，所以这里我们要自动推到最近的整点，将通勤上班变成8:10～8:25。

记住，只要你意识到正在做事情，就要把事情的项目与进行的时间记录下来。即使是中午休息时间稍稍打盹，也一样要记录开始跟结束的时间。这个工作看起来有点烦琐，而且一开始做的时候，一定也会觉得厌烦。不过记录了一两天以后，你就不会有忘记的情况了。为了掌握自己细部的时间运用状态，我们每天晚上睡前要先做一些基本的工作，让往后分析时更为方便。

睡前要做的第一个动作是，计算今天每件事情各自花费的时间。像前面说到的通勤上班时间为15分钟，那么在日表空白处记下“通勤15分钟”。以此将今天的每件事情做上时间标记。

完成时间标记后，要进一步为今天所做的事情进行定义。许多人可能会想用事情的类别来分类各种事务，如娱乐、吃饭、工作、开会等。这不是不行，但是当我们要探究自己的时间分配时，我们要用更符合理解效率的方式来分类。因此，我们最好借助打分数的方式来进行分类。同样，我们以最常用的5分制，来区分时间的花费，只是这个分数无关好坏。面对每一件事情时都要思考这件事情是属于日常例行还是特殊状况，越日常的事务分数就越偏向1分，越特殊的事件就越偏向5分。例如，每天都通勤上下班，那么通勤无疑就是1分。突然某一天，公司有一个紧急的CASE要处理；或者在路上遇到许久不见的老同学，聊了许久。这些都可以给个偏向5分的分数。

有些读者或许会问，那“会议”要如何给分呢？一个公司开会是稀松平常之事，给分数应该会偏向1分，但是每次主题都不见得相同，却又有特殊之处，实在很难给分。确实，有很多事情是很难定义的。像开会，如果是每周都要开的例会，有固定时间、例行报告，或许可以当成日常；但是临时为项目或某些特定的状况而开的会议，则可以视为特殊。

执行项目的过程也可以区分时间的状况。按部就班照着计划走，那这些时间花费就归类为日常。不过，如果你遇到不靠谱的同事或主管，早该说的事情没有说，早该完成的事情没有完成，那么你因为救火而花的时间，就可以算是特殊状况。

或许至此还有读者没有办法判断到底哪些事情属于日常，哪些事情属于特殊。没关系，最后教给你一个秘诀，就是“找出代表行动，善用比较”。把1~5分都找到一件事情作为代表，像通勤就是1分，老板突然改变策略而加班就是5分。找出每个分数的代表性后，其他的事务就与这些事情进行比较，性质类似的就给同样的分数。这样就可以轻松地知道自己的时间运用分类了。

制成圆饼图看看是什么因素分食了你的时间大饼

每个人一天的时间都有24小时，扣除睡眠的时间后，剩下的就是我们可以运用的时间。为了精准计算出时间运用的状态，上床睡觉与起床也请记载于日表之上。只是我们不把睡眠时间列入评分，睡眠时间的用途我们稍后再说。

依据我们的经验，如此反复地记录自己的行动与时间，大概需要四周，才能够衡量自己的行动与花费时间的关系。在四周过后，我们可以把各周的时间，依据1~5的分类进行统计。每一周都会产生一张圆饼图，然后四周的加总又会出现一张圆饼图。

别小看这几张圆饼图，你可以从四周加总的这一张图中清楚地看到自己花费时间的概况。到底我们的时间都是花费在日常的琐事上了，还是都被特殊状况给占据了。当我们找出时间支出最高的类别后，我们就可以观察各周的状况。

假设我们发现5分的特殊状况，让我们总体投入最多的时间，那么我们可以回看过去四周的圆饼图。看看是因为某一周特殊状况的时间突然飙升，还是每周的特殊状况都是稳定居高。这样就可以通过圆饼图的指引，回到手账中去思考，该如何调整那些被我们归类在特殊状况的事务。

基本上我们可以发现三种最常见的倾向：

第一种是多数时间支出于特殊状况。这类人都显得相当忙碌，因为特殊状况通常无前例可循。一般上班族会遇到特殊状况，不外乎主管突然插件，或者指示不明，或者突然更改行动计划，甚至是被合作伙伴把事情给搞砸了。不管如何，总之是知道原因，可以通过多询问、留下书面记录、讨论工作时程与适当将任务交给他人来解决。

第二种是多数时间支出于日常的行为。既然都是日常的事务，或许可以开始思考，如何让这些例行性的事务更有效率地完成。当然很多例行性的日常，没有办法节省太多的时间。那么可以思考在进行例行性日常事务时，如何对时间进行再利用。例如每天都有一段通勤时间，那这段时间或许就可以做些其他事情，让通勤的时间不只是坐车而已。

第三种是时间支出于中间质。你会发现大概占去时间最多的是分数为3的项目，这些你很难断定它们属于日常或者特殊的事情，通常表示你对它们的定位有些迷惑。这时候，你或许可以再思考一下，是不是有必要进行这些事情。对不确定性质的事情进行调整，将有助于提升对时间运用的效能。

最后我们别忘了还有睡眠时间没有计算，睡眠时间的用途不是用来评断自己使用时间的效能，它是一项察觉是否有空闲时间和健康的指标。你可以把每周的生活总时数设定为168个小时，那么扣掉这周至少56个小时的睡眠时间，就是你活动的时间。然后，看看你这周记录的总时间是多少。如果总时间比活动的时间还要低，那很显然你尚有未利用的时间。

表4-7 精打细算，就能找出尚未利用的时间

11/8			三
上午	通勤	08：00—08：15	1
	进出货	08：30—12：00	2
	吃饭	12：00—12：45	1
下午	部门会议	14：00—16：00	3
	通勤	18：30—19：00	1
晚上	晚餐	19：20—20：30	1
	看电视	20：30—22：00	2
	洗澡	22：00—22：30	1
	睡觉	22：30—06：30	

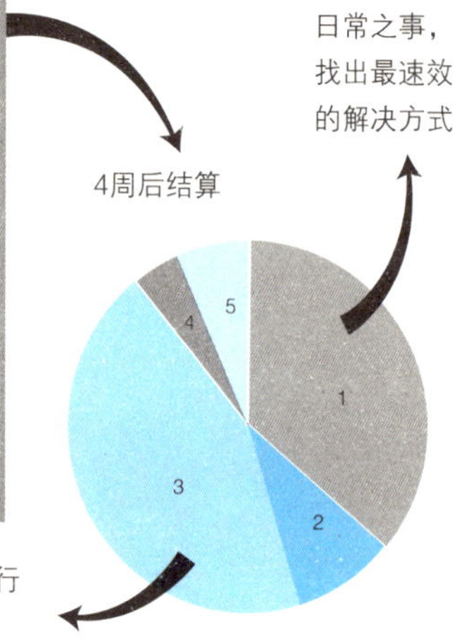

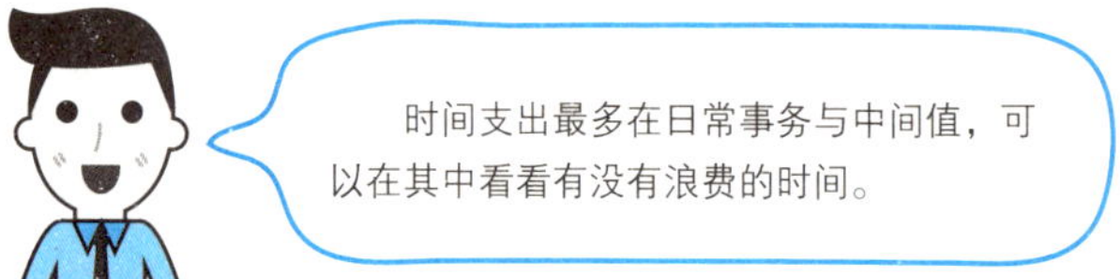

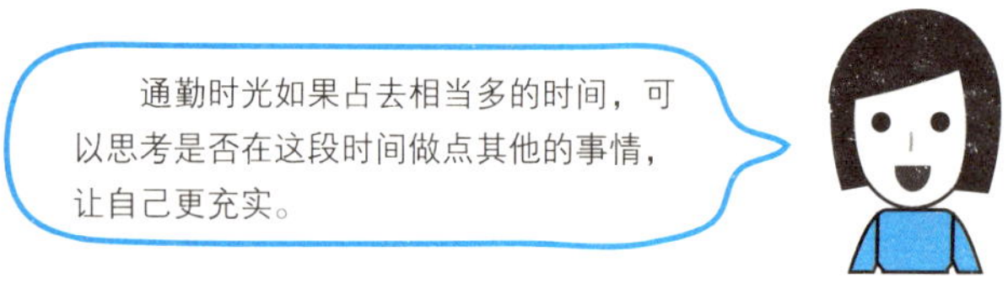

⑦ 金字塔分析法，找出时间与事情重要性的关联

工作最怕就是“瞎忙”，只要团队或者自己出现“瞎忙”的状况，一个人就不只是身体会疲惫，精神也会跟着疲惫。常听到一些年轻的上班族，在忙碌一阵后发出“心好累”的感叹，这多数是“瞎忙”造成的。

“瞎忙”之所以用“瞎”字来形容，就是点出某些事情的特性。有一种情况是，你已经把全部的时间都用上了，但是还有许多工作无法完成。或者是你不管怎么努力，都在处理些杂事，以致于要压缩处理重要事情的时间。又或者，你在理性上会觉得这些事情应该去做，但是你不知道为什么这么做，最终都会回到原点上来，重新开始，让人非常泄气。最让人彷徨的是，当这些事情发生时，你永远不知道问题出在哪里。

你一定不想每天都像陀螺一样不停地转，却永远达不成目标吧！那么克服“瞎忙”的原因，用手账去除工作上的“鬼遮眼”，让你的人生重见天日吧！

正金字塔、倒金字塔、无金字塔的图形意义不同

很多人可能从来都没有察觉到自己把时间投资在不重要的事情上，因此感觉很忙碌，但是实际的成果却很低。为了找出我们的时间投资是不是正确，我们要再次借助为每件事情打分数的方法。

在前面，我们已经做过许多评估花费多少时间的计算，现在我们改变计算方式，依照重要性来给每件事情一个分数，1分是最不重要，5分是最重要。然后，我们以一周为单位，从1~5分各自加总，然后把1分放在最底层，依序向上排列。

你会看到三种图形的变化：

第一种，看起来像正金字塔。那你必须好好检讨自己投资时间的方式，因为图形显示你总是在最不重要的事情上花费许多时间。你可以思考，这些被你视为不重要的事情，是不是应该从你的工作清单中删除，或者是不是有其他的方式，可以让这些不重要的事情更快速地完成，以便我们将时间挪到重要的事情上。

第二种，看起来像是倒金字塔。看到这种图形时，你或许可以松一口气，因为你几乎把时间投入在你认为重要的事情上。虽然你不用担心时间投入的效能问题，但你仍需要思考，如何继续保持这样的效能。（我们在书中有许多方法教

你如何保持时间运用的效能）

第三种，看起来毫无金字塔的感觉，图形可能趋近于方形或者上下两头尖。如果看到这种图形，会有两种情况。其一，你对事情重要的判断性有问题，请重新思考各项事情的重要性；其二，你可能要以倒金字塔的图形为基准，试着重新分配时间。

透过对这三种图形的判读，开始思考，为什么自己总是把时间花在不重要的事情之上。找出原因，然后进行调整。

表4–8 画出时间金字塔，判断自己的时间分配着重在哪一方面

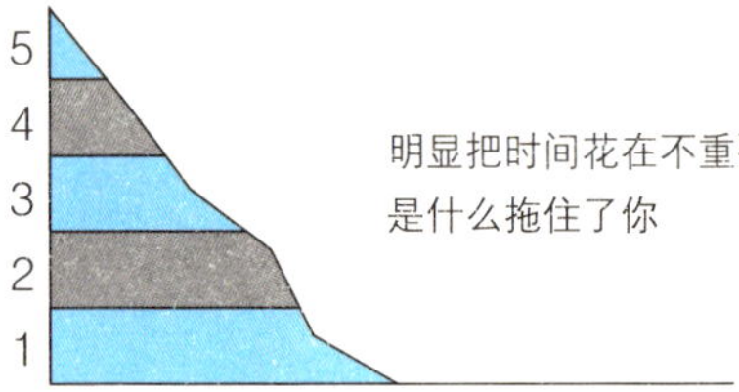

明显把时间花在不重要的事情上，赶快想想是什么拖住了你

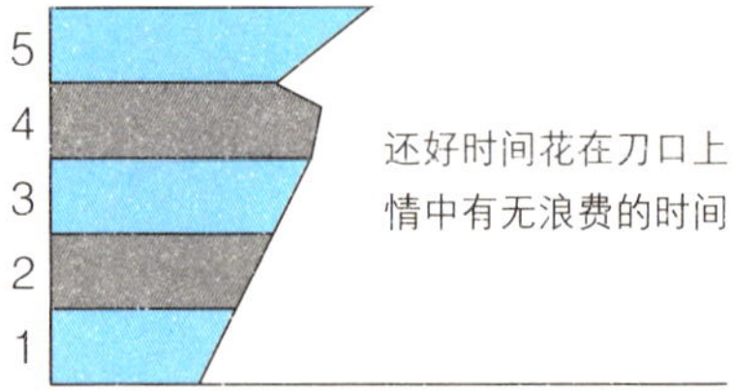

还好时间花在刀口上，但仍要考虑重要的事情中有无浪费的时间

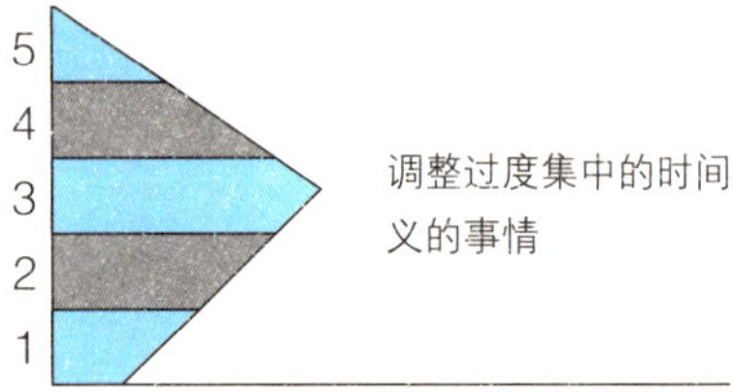

调整过度集中的时间，或者创造对自己有意义的事情

从金字塔找自己的价值，要身忙心不盲

即使你所做出来的图形分析是趋近倒金字塔，你也不能掉以轻心。金字塔图形只能告诉你，总体时间的投资是不是花在重要的事情上了，并不能告诉你，你在每一类工作上是否已经发挥了最高的效能。

然而，我们可以根据金字塔图形所提供的信息，寻找自己提升效率的切入点。首先，我们暂且放下事情重要性的指标，把眼光关注于占据最多时间的类别，那可能是最重要的事情，也可能是最不重要的事情。接着我们必须打破自己的迷思：不是投入的时间最多，就能获得最高的效率。我们要利用手账，检讨占据时间最多的类别，并从中思考每项工作有没有可能让流程更为缩减。经过这番检讨，你可以避免过度延长工作时间，以免不经意中习惯了工作效率递减的现状。

再者，你必须认识到你从事的工作并非一人公司，你要与同事、上司、客户不停地互动。从手账中回想每一项工作时，想一想是否与某些人的互动占去了相当多的时间。有时候同事实际上是最浪费时间的元凶。我们常常会发现工作都在原地打转，像是每次工作会议，同事都搞不清楚自己的身份，只会在那里谈理念、概念，一直无法落实到执行步骤，也提不出任何方案。可想而知，上班时间被浪费掉，只能增

加工作时间来弥补“猪一样的队友”所造成的问题。

如果这种情况就是造成你工作时数暴增的原因，那么你一定要赶快与你的主管讨论目前的工作情况，看是要调整参与项目的人员，还是给予你的“队友”更明确的工作目标，以便让事情继续下去。当然，你也必须了解，这不见得能够一劳永逸地解决问题，但至少能让问题缩小。

另外有些浪费时间的原因来自客户，我们都知道“嫌货才是买货”的人，不过有些人的“嫌”不但没有道理，还会让你陷入瞎忙的困境。比如某些客户常常是自己没有什么想法，就希望你能够提个方案。基于有生意做，我们都会很快依据客户的想法提出大概的方案。

不过，客户也不见得知道自己要什么，或者拿到方案也不一定仔细思考你的用心，就开始嫌你缺东缺西，或者又给你另外一个方向的想法。你总是想着把生意谈成，所以再做修改与添加，彼此配合。几经往来还是不能定案，客户不但没有感谢你，还要倚老卖老地训斥你一顿，说你“根本不懂沟通的艺术”“这样是拿不到案子的”。

像这种情况，就要向主管报告并提出你的解套方案。最好的方式是用Email把客户的各种问题进行列表，并且指示客户在你的企划书中找到答案。接着，化主动为被动，客户不找你，你也不要找他。至于做出来的企划方案，和主管讨论，看是要找寻合适的对象提案，还是自己执行。

遇到这种没道理可言的客户，我们真的只能摸摸鼻子自认倒霉，但我们一定要有自觉，去衡量与这种客户周旋是否能够得到真正的利益。如果不行，我们就没有必要浪费团队的精力与时间了。

从金字塔分析，到手账回想，你可以通视你的忙碌，从过程中知道哪些事情是该忙、忙得有价值的，哪些事情是不用再留恋的，并且做出最好的选择。这样才能真正做到“身忙心不盲”。

⑧ 创造不被干扰的时间，完成更多的事情

无论做什么事情，我们都希望能够专心致志，特别是在学校的时候，老师总是要求我们心无旁骛，这样才能达到学习的效果。可是，一进到社会就会发现这套学校里的价值，在繁忙的环境里根本不适用。时间分秒必争就不用说了，有时候一个人还要当两个人用。一次只做一件事情几乎是不可能的。不过，我们还是要努力为自己创造一段不被干扰的时间，这样才能有机会提升我们的工作效能。如何创造这段时间呢？还是打开手账吧，秘密都藏在里面呢！

为自己规划不被干扰的时间

人们常觉得每天事情都做不完，甚至难有喘气的机会。这不是因为时间太少的关系，而是在正常情况下，不管做什么事情或多或少都会受到干扰。

对上班族而言，主管交给你一件案子后，你不太能长期专心致志，因为公司中有各种业务需要你去办理、支援，或者向你咨询。就这样，正常的上班时间里，忙东忙西，最后忙不到的永远是主要任务。

要怎么改善这种情况呢？如果我们不是老板或主管，那就不会门暂时一关就得到清静，只能想办法自己创造环境。前面教你记录行动细节与时间也可以在这里派上用场。经过四周细腻记录的时间，我们知道可以从日常性的时间支出去做安排（因为自己最能控制的就是日常性时间），让某段时间只有自己可以使用。

我们常常看到许多企业名人在分享他们的成功经验时，都有一个共通点，就是建议大家早一点到办公室，早一点开始自己的工作。读者可能会以为这是老板们想要占员工的便宜，让员工早点上班吧。其实不全是如此，这些成功经验所说的早一点到办公室，其实就是安排自己日常性的时间，并且创造出个人不受干扰的时段。

我们从手账中可以清楚发现我们有两个时段是个人可以控制的日常性时间，那就是上班前的时间以及中午用餐的时间。这两个时段其实只要早半小时到公司与晚半小时去吃饭，就能达到意想不到的效果。因为在你的上班时间中，就多出1个小时的时间。

如何利用珍贵的安静时光

很多读者可能会问，多出两个“半小时”的时间能有什么效能呢？各位可以试着回想每天早上进到办公室时，是不是都要花点时间重新进入状态，让大脑“暖机”一下。是的，早上提前半小时不为别的，就是让自己从家里的舒适模式转换成工作模式。

这个半小时你可以把手账拿出来，想一下昨天工作中遇到了哪些困难，或者有什么流程需要改进，并且有什么成果可以报告。稍做思考后，把刚刚思考的内容简洁地条列在手账上。

接着就收发Email，简单记下昨天至今天与工作有关的电子邮件，并做简单的回复。读者可以在网络上找到许多简单的回复技巧，但这里提供一个大原则，就是回复电子邮件，不要超过三行，但要清楚告知对方事由、办法与相关人员的信息。如果有不能自己决定的内容也不要急着回复，列在手账上作为待解决的问题。

看起来，这两个动作是工作中相当细微而日常的事情，但是用这半小时完成却绰绰有余。等到正式的工作时间开始后，你就可以向主管报告你执行过程发现的问题，并找相关部门与同事协调，把尚未确定的事情确定下来。

中午晚半小时吃饭的时间也可以如法炮制，稍微回想一下早上的工作，以及下午要找哪些人进行工作协商，并且把要商讨的内容条列式地记录下来。中午的时光其实比早上更有弹性，你不一定要坐在办公室里去思考早上发生的事情，你可以运用吃饭等餐的时间，或者边吃边想。总之，不要让中午休息时间变成饱餐一顿或者同事联谊的时光。

各位读到这里应该已经发现，创造不被干扰的时间，实际上并不是趁这半小时的时光把工作的进度往前推进，而是利用这两段半小时的时光，把接下来工作可能出现的干扰提前拟定解决方案。并且把这些过程写在手账上，成为一种工作经验的积累，这些经验与智慧将会成为你未来行事的重要参考。

当别人在9点才开始“暖机”准备上班时，你在9点的时候已经开始行动；别人下午1点30分才刚刚从午休中苏醒，而你已经衔接好上午的工作，准备展开另一段时光的奋斗了。试想一下，你的主管会觉得你是个什么样的员工呢？不用说也可以知道，应该都会是偏向正面的评价。

⑨ 找出自我成长的时间有多少，让自己时常 update

日新月异的社会，最需要的就是不停地提升自己。不过我们却常常找不到时间，或者觉得根本没有时间。这时候，你绝对有必要检视自己的手账，通过手账你可以找出尚未被利用的时间，或者挪出一部分不被干扰的时光来进行学习。

当然，自我进修之后，我们最希望的是取得某些具体成果，例如考个证照，或者能够实际运用所学，但在有限的时间里，我们该如何进行规划才能达到有效的学习呢？这也要通过手账帮忙，下面我们就来一起寻找还可以被利用的时间，以及如何通过手账让这些时间的功效发挥到最大。

找出可以使用的时间

说到找出时间以便于进修，大家一定都会建议使用节假日。节假日的空当，看起来是个好的选择，我们从许多为成人进修而开设的补习课程中也发现，节假日的课程是数量最多的。

不过，你一定曾经亲身经历或者看到身边朋友的经验，节假日上课虽然是可被利用，不过上课一段时间后，就会出现疲乏的状态，最后可能放弃自我进修的机会。

别责备自己，发生这样的情况是很正常的。上班族与学生不同，上班族工作是一件事情，学习又是另外一件事情，因此把学习放在假期，会让人觉得假期因此被压缩，如果没有适当处理失去假期的压力，很可能造成放弃的结果。我们不是反对利用节假日学习，而是希望读者在调配时间时，也可以思考在平常时间中有没有什么时间可以提取出来，作为自我提升的时间。

很多人都想从平常日提取时间，最多人的选择是利用下班后，安排学习。而学习的项目中，又以语言为大宗。因此，每周有一天或两天下班后要去上补习班的课程。

要学会一种语言并且实际运用，并不能只依赖学习，还需要更多的时间来复习。这其实比上课还要伤脑筋，课程有强制的时间，所以你只要到时间去上课就好，但是复习却需要自我安排，并且持之以恒。

很多读者会觉得自我安排是相当困难的事情，因为多数人都有家庭。下班之后，就进入家庭生活，家人会有很多互动，偶尔讲个话分享今天的事情，或者为明天做预备，有的家人看看电视或者做点什么家事，都会形成某种干扰，这跟上班其实很像，很难找到一段不受干扰的时间。

我们可以想想，什么时间家人所出现的干扰会消失呢？那就是家人睡着后，只是这个时候的自己可能也已经昏昏欲睡了。事实上，从家人睡着到自己睡着的这段时间，就是自己的黄金时间，可以用来进行复习。

你可以试着寻找家人睡眠的规律来规划这段黄金时间。首先在周表上记录家人就寝的时间与自己想睡的时间。等找出其中的规律后，再进行安排。如果你想要在家庭生活中挤出不被干扰的时间，最有效的安排是把洗澡的时间安排在家人就寝之后。洗澡就像是分隔线，这条线以后就是属于自己的时间了。另外还有一个好处，就是洗好澡之后通常精神都会提振一下，用于简短的复习相当有效。

洗完澡到睡着之间也不要用太长的时间来做复习，第二天还要上班，如果花太多时间在自我提升上，很可能造成明天工作的负担。所以先以半个小时为单位，简单复习一下最近所学的内容，然后就去睡觉。第二天早上，你可以利用通勤的时间，或者更早一点到办公室，针对昨天晚上的复习内容进行再复习。

虽然每天只有将近1个小时的时间，但只要能持之以恒，这段时间也能达到意想不到的好效果。

如何达成自我进修的成果

进行自我进修，就是为了达到某个目标，获取具体的成果。以语言学习而论，最好的成果展现就是考个语言证书。

为了参加考试这个具体目标，你必须要有有效的计划，才能达成任务。许多人在面临这种具体的目标时，反而会不知所措，因为考试这种事情是有合格标准的，要怎么达到合格标准，是相当头痛的问题。

手账可以帮助你达成目标，利用月表的功能，规划一季或是半年的进修计划。就以我们现在说的语言进修来作为例子，现在考试最常见的是“多益”（相当于四六级考试），这些考试都有明确的合格标准，不如就以半年为期，来思考如何达成考试的要求。

如果是准备考试，一般会把整段时间区分为四个阶段，分别是暖机期、基础期、熟练期、冲刺期。他们各占的比例可以依据个人的状况加以调整，有些人可能会各分四分之一的时间，有些人可能会把基础期的时间拉长一些，这可以视个人具体情况而定。

“多益”考试最基本的测验是听力与阅读，但是对于很多上班族来说，离开学习英语的环境太久，可能一下子要进到听力与阅读测验的考试有些难度。这时候暖机期将是一个找回对英语语感的时期，建议你用2~4周的时间，买一到两本高中程度的会话书籍，以生活会话开始，每天阅读与聆听其中的内容。

由于难度不高，你可以规划自己在2~4周复习一遍。然后进入基础期，这个时期记得要针对考试的要求进行准备，也就是针对单词的需求量、阅读时需要的文法以及听力会出题的方向进行准备。基础时期应该是最长且容易反复的时期，你必须熟读所掌握的资料与参考书。

熟练期则是开始对读过的内容进行整理，例如经常忘记的词汇，或者是觉得常考的题型等。这个时期要能掌握住考题的趋势，并且自行整理出一套自己的笔记，通过笔记与参考资料一起反复复习。

最后进入熟练期，大概是距离考试的最后一个月。最好的方式就是密集地做相关的练习题。如果你没有办法挤出很完整的时间进行练习，可以用早晚半个小时的方式，分段完成考题练习。

经过这四个阶段的准备，你应该已经熟悉相关知识，准备参加考试。如果达成目标，表示你的准备是相当有效的；如果没有通过，那么你就要检讨一下该如何改进，并且制定下次参加测验的目标。

表4-9 规划 4 个时期，考试必胜的规划方式

勿以善小而不为

“勿以善小而不为”是我们经常听到的话，意思是希望我们行善不要分大小，即使很小的善行，也可以累积成很大的功德。自我提升也是一样，不是说一定要有宏大的计划，或者一定要以考试为目标才叫自我提升。能够读一本书、欣赏一段音乐都算是提升的一种。所以，在此提醒你，找出空闲时间后，不要放弃任何一个可以让自己提升的可能性，即使睡前看一页书，那也可以让你逐渐拓宽视野，甚至达到超出想象的境界。

⑩ 整理做过的浪费时间的事，检视自己的时间管理

在前面，我们讨论过如何思考自己的时间与效能的问题，我们也讨论过如何寻找浪费时间的根源。只是在寻找浪费时间的事项时，我们可能要更细腻地观察自己的行为，以便找出细节里的魔鬼。

手账会记下我们规划要做的事情，但是很多人并没有注意今天所规划的事务达成的状况，也就是说你不知道某些事情是提早达成、准时完成还是延迟完成。如果想找出自己是把时间浪费在哪里了，我们就从掌握自己的进度开始。

掌握自己目前的进度

为什么你会沦为时间的奴隶呢？其实多数的情况是，你完全无法掌握目前的工作进度。即使已经工作很多年的职场老手，也经常没有办法确实掌握自己的进度。你会看到许多主管，虽然看起来呼风唤雨，但再仔细观察会发现他们实际上忙得焦头烂额。

“当时间的主人”这个概念其实要实践也很简单，那就是让预订要做的事情都能提前做完，这样就会有多出来的时

间可以供你运用，你自然是时间的主人。由此，我们也可以发现，掌握自己进度是为了能够超前进度。

这时候，我们要运用彩色手账法则与详细记事法则。我们准备几种彩色笔，先以蓝笔、红笔与铅笔为主。蓝笔用来规划要做的事情，红笔是用来标记事情完成与否情况，而铅笔则是记下未纳入规划却发生了的事情。

紧接着，我们就要把每天预定进行的事项与达成的目标清楚写上去。这里有几个资料要清楚地规划在手账之中，分别是："事由""目标""完成时间"。举例来说，你为公司的产品发布会，联络几个熟识的记者，以及发新闻稿。你就在今天日表中用蓝笔写下："完成新闻稿一篇，传真各媒体，中午12点以前""联络A、B、C、D、E、F等记者，下午3点以前"。当你开始执行时，你又想到应该要邀请此项产品的合作厂商以及经销商前来。这个工作是你本来没有预估到的，所以请你用铅笔写下："邀请合作厂商与经销商，下班前"。

当你开始执行，每执行完成一项，请拿出红笔在这项工作上画一条横杠。在此我们不是只想知道你的工作完成与否，而是要通过你的工作分析你是否有浪费时间的习惯，所以你必须多注记一些信息。画杠后简单地在工作规划事项后面，用红笔记下（早）（准）（晚）三项信息，以标记自己是否准时完成工作。

这样做下来你就可以看出自己到底是时间的主人还是奴隶了。如果铅笔比蓝笔多，那很显然你对这件事情的处理还不太进入状态，你是自己促使自己变成了时间的奴隶，请在每天规划自己工作项目时，要更认真地思考。

如果你发现自己完成的工作都是标示（早）、（准），那表示你的规划相当合理，且执行有条不紊，这时候你可以思考提升自己的工作量或挑战较难的工作，来寻找自己的潜能。

我们急着想要剔除的状况是那些标记了（晚）的项目，这就要你逐项思考延迟完成的原因了。原因来自同事，那你要及早询问同事的进度。如果来自主管，那你就要运用我们提供给你的方法，去分析你的主管为何不能让你完成工作，是不满意你的成果，还是其实他也是时间的奴隶。

当找出原因之后，我们才能以各种方式寻找解决的方案。如果你开始发现你的工作计划都出现（早）的时候，你不只是时间的主人，同时也表示你的行动正让你的公司摆脱时间奴隶的枷锁。

抓出自己浪费时间的坏习惯

当然人之所以会变成时间的奴隶，其实多数是因为自己的坏习惯。想想我们念书的时候，其实也没什么好忙的事情，可是我们常常忙到很晚还没有把功课完成或者来不及复习明天要考试的科目。为什么会这样？不见得是学校课业不合理，而是自己走过电视机前，就停下来看了一会儿；或者说想先躺下来休息一会，结果睡着了；又或者在念书时，还跟同学在传信息。这些其实都是自己的坏习惯，在没有改掉之前，会变成时间的奴隶也只能说你活该。

工作以后更是如此，而且坏习惯不是只有基层的员工才有，主管、老板也有同样的问题。只是员工浪费时间的坏习惯，只会损及自身，而主管与老板的坏习惯，却会让整个部门与公司同受灾殃。

在这本书里，我们要学习怎么找出自己的坏习惯，去改进它，并且掌握主管与老板的坏习惯，避免他们的坏习惯拉我们下水。

手账就是我们最好的利器。在一天工作结束后，我们开始从（早）（准）（晚）的标记中，找寻造成这样结果的原因。特别是要检讨（晚）的原因。一般而言，造成上班族浪费时间的原因，最常见的就是“忘”。忘记带东西、忘记存档、忘记联络、忘记通报等都会造成浪费时间。出门忘记带钱、忘记带手机，甚至忘记带钥匙，虽然与公司无关，但也会打乱自己一天的行程。

为了矫正自己的坏习惯，最好的方式就是预先提醒自己。如果我们真的犯了“忘”这件事情，那接下来的行程规划就要多写一些提醒自己的项目，或者简单做一个检查表，时时进行检查，以改掉遗忘的坏习惯。

这个检查表也可以记下老板与主管的坏习惯，例如明明你早就已经把企划案交给主管，可是主管总是好像没有记得这回事，等到快要到工作截止期时，才匆匆跟你讲几句话，你甚至会觉得他讲的内容根本就不是你写的，或者你的主管一直叫你把企划案再传一次给他。不管你的主管是否有坏习惯，但是他的行为其实已经让你成为时间的奴隶了。

别让这样的上司或老板拖累你，你能做的就是把他们也列入提醒清单。例如，遇到喜欢拖到任务截止期前才开始跟你讨论的主管，那么你就要提醒自己不停地催促主管来与你讨论，或者不停地确认主管是不是已经收到你发给他的企划案，并已经存到他的电脑里了。

这些看起来都是小事，但是一而再、再而三地发生，就会造成集体的浪费时间。如果你设计一个小的检查表，预先掌握这些浪费时间的坏习惯，那么你就可以从时间的奴隶变时间的主人了。

表4-10 手账让你从时间的奴隶变成时间的主人

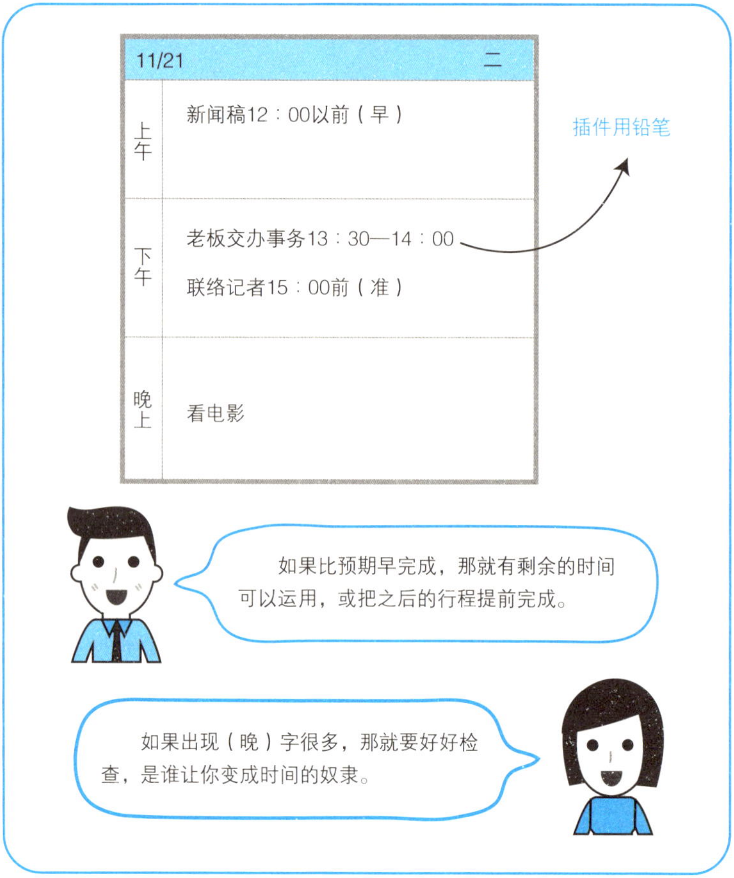

⑪ 将做家务流程化，省下找东西的时间

做家务是件很累的事情，但不做家务又会让家里变成垃圾场，该如何在最短的时间里把家务做好，这一样是件需要探究自己行为与规划步骤的事。因此，手账又成为做家务的有效率的好帮手。

首先，我们先设计出做家务的规律，然后把各种家务都流程化，变成固定的工作流程。最后，我们找出让家里杂物堆积如山的原因，并且加以改善。这样一来，你就能轻轻松松拥有清爽又干净的家。

帮自己规划家务周期

其实做家务也可以通过手账的记录，摸索出其中的规律。当然，维护居家的整洁，是相当重要的事情。如果可以，最好每天都能把里里外外打扫一遍。但是，这样的家务负担，对于忙碌的上班族来说实在是太沉重了。

我们没有办法像饭店清扫一样，随时以标准化的方式打扫整个居住空间，但是我们可以通过设计家务周期，来协助我们分阶段地完成各种家务，让家中保持干净整洁。

简单来说，在手账中可以把家务分成几种等级：第一种

是每天要维护的事务，第二种是需要较长时间才能完成的家务，第三种是一段时间做一次就可以的家务。

每天要维护的家务，其实很容易判断，那就是放着不做，家里就会很脏乱的事务。比如用过的碗盘没有清洗，厨余垃圾没有处理，这些都会造成环境的负担，所以这些事情基本上都是每天要维护的事务。

家务中有不少需要较长时间才能完成的工作，例如把浴室好好清洗一遍，或者擦拭家里的纱窗与玻璃窗。这些工作都需要较长的时间。但是这些工作也有另一项特色，那就是每完成一次，就可以维持一定天数，可以不用去特别清理。所以，通常这一类工作可以安排在节假日进行。

什么是"一段时间做一次就可以的家务"呢？简单的判断方法就是，如果不立即去处理，也不会造成脏乱。像是资源回收，家里的矿泉水瓶、旧杂志、报纸，这些都需要累积到一定的数量，才会拿去回收。像这些工作，就可以安排在周间的某一天进行，而其他时间就只要把矿泉水瓶放到固定的位置，旧杂志与报纸则堆放在固定的地方。

如此一来，可以在手账中将家务的周期排上，只要按照排定的时程进行，在这些日子尽量避开其他的工作或应酬，那么你就可以在忙碌之余，拥有一个干净的生活环境了。

让家务流程化

手账的好处是可以用来反省，并且思考更为简洁的步骤，做家务也可以运用手账来进行反省与规划。如果你总是觉得家里的清洁是个负担，而且不管怎么做都无法达到内心想要的洁净感，那么这时候你也许要花点时间，针对自己做家务的过程进行反省，然后再思考出解决方案。

经过仔细思考，也许你会察觉，原来自己觉得打扫没效率，是因为房间某处堆满了看过的杂志与书籍。这时，你就要针对自己察觉的这个部分开始计划。例如书与杂志是感觉脏乱的源头，那么你规划自己打扫的步骤就是把凌乱的图书资料先进行整理。这么一来，你就可以慢慢理出打扫的头绪。

也可以趁机检讨一下自己的生活习惯，像是用完东西不会归位，吃完东西没有马上收拾，这些都是累积脏乱的根源。适时检讨一下，督促自己马上收拾，这样也可以提升打扫的效率。

总之，如果手账能够让你在工作上井井有条，那么你可以借鉴工作上的方法，设计自己打扫的流程，让自己的家务也能流程化，最后形成简易而可执行的方案。

表4-11 手账可以协助你把家务流程化，拥有干净的生活空间

日	12/10	
一	12/11	垃圾
二	12/12	垃圾
三	12/13	
四	12/14	垃圾 回收
五	12/15	垃圾
六	12/16	垃圾 厕所

每周固定事务

一段时间进行一次

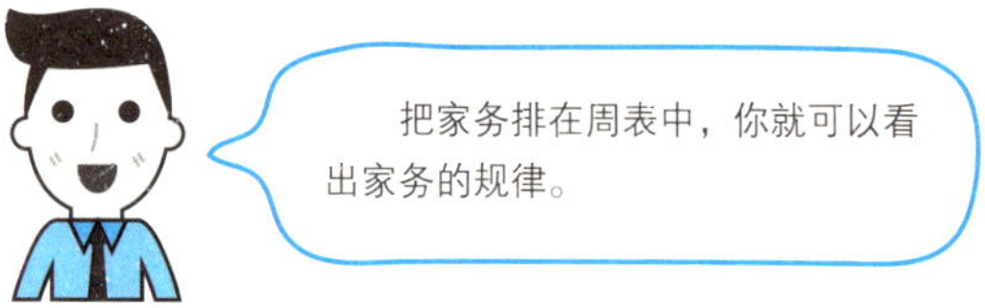

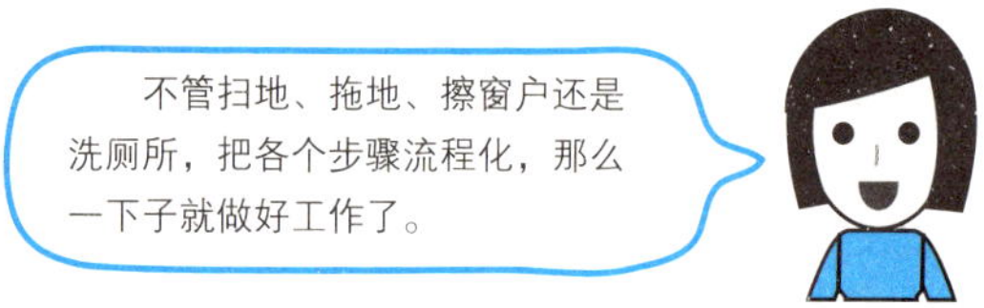

断、舍、离也靠手账

现代人之所以会觉得生活脏乱，实际上跟家中杂物过多有关。其实杂物一开始也不是杂物，你在购买时会觉得每样东西都是用得着的，可是买回家以后，用了一两次，然后就堆在某个地方。接下来，它们会成为你生活的负担。

我们常看到指导处理杂务的逻辑是“断、舍、离”，简单来说就是发现自己不需要的东西，然后潇洒跟它说再见。不过，我们用手账除了帮助我们跟杂物说再见外，还要更进一步，帮助我们不会再增添杂物。

我们常看的例子是，忙碌的上班族总想保持健康的体态，要去运动又没时间，所以就想买个可以在家运动的健身器材。相信很多人会因为电视购物广告而购买运动器材，买回家后只偶尔用一两次，其余时间就摆到房子的角落，感觉它很占空间，可是又觉得自己还是会用到它。或许某天晚上，你看到类似的商品广告，而广告标榜“易收藏不占空间”，你就又冲动地再买了。

这种例子屡见不鲜，我们该如何运用手账来避免呢？简单的方式是，当某些东西你无法分辨是不是该跟它说再见时，你最好把它写在你的手账月表上，等到你下次想到这个东西或使用它时，再把它记在月表上。通过这个方法你能发现这件物品和你的关系，如果使用的周期在一周以内，那它可能还是你需要的东西。如果使用的周期已经超过好几个月，那么就该跟它说再见了。看是回收或者上网拍卖，总之就是处理掉，你的人生才会得到新生。

记得一件事情，把这件丢弃的物品记在手账上，时时检查自己丢弃的物品，那么你就可以渐渐明了哪些物品是被需要的，哪些是该跟它们断舍离的。

表4-12 要果断地和不需要的杂物说再见

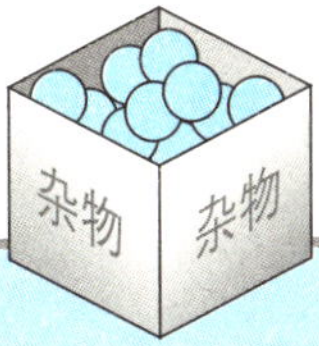

杂物清单	
收贮物	收贮时间
A	2/10
B	2/10
C	3/20
D	3/20

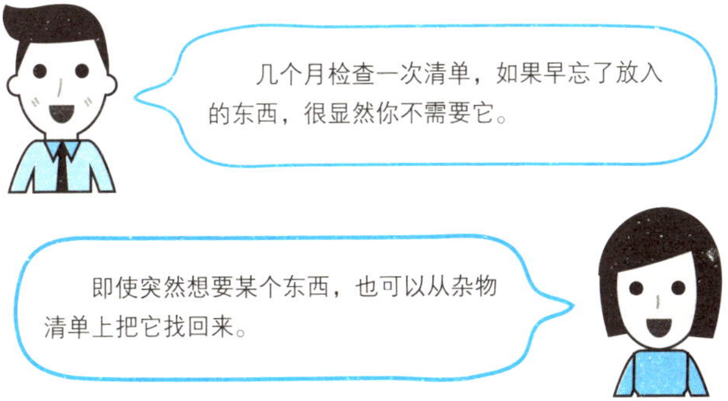

⑫ 分析你的购物曲线，检视购物时间和购买物

前面的内容，告诉我们在做家务的规划后，找出自己不需要的物品，并且勇敢地与它们说再见，以便减轻自己生活的负担。下面，我们将结合财务流水账以及对杂物的检视，来综观自己支出的时间和项目。

这么做背后当然是有节约花费的观念，但是除了节约，分析自己的购物曲线以及购物项目，也有助于自己理解为何没钱，或者钱不够用的原因。

为何钱不够用

事实上，钱没有够用的一天。可是为何有些人会觉得钱够用，还能存下一点钱，但自己即使很会赚钱，仍感觉要买某些东西时经费不足，甚至变成月光族？

我们或许该换个角度来诠释“钱不够用”这件事情。当你想买某个东西，却没有足够的金钱时，你就会自然感觉到钱不够用。如果在我们看到想买的东西时，有足够的经费，就不会有这种感觉了。

许多读者可能会觉得，这样的诠释好像鸵鸟，还是没有

解决钱不够用的问题。其实不然，许多时候钱不够用，是因为你把钱都花在某些项目上了，以致于排挤了其他消费的需求。当这种情况产生时，我们通常不会意识到是因为我们没有合理安排自己的钱财，只会想到可能是自己钱赚得不够。

这时候，我们最好把财务流水账拿出来，以周作为单位，借助Excel的图表功能，做成曲线图（或者长条图、折线图），看看自己在哪些时段上容易出现花费的高峰。

有些人会发现自己的消费高峰，多集中在百货公司周年庆的时间。有些人会发觉自己的消费高峰都在寒暑假，因为要带孩子出国旅行等。不管如何，你可以通过时间轴发现自己消费的高峰期。

掌握了自己消费的高峰期规律后，再仔细想想“钱不够用”的感觉是不是都在这些时间点上出现。我相信，多数人把曲线图画出来以后，就会发觉自己其实不是整年都觉得钱不够用，只是在某些时期才会有这种感觉。

当知道自己有这样的消费趋势以后，可以在花费高峰到来以前，为自己的经费做打算。由于我们通常是领月薪，因此当我们要为消费高峰做准备时，必须提前两三个月储蓄。假设我们在7月份会出现大量的旅行消费，那么可能在4月份时就要开始为旅行消费进行准备，如此一来才不致于时间到了，却没有足够的现金。有些人可能因此放弃计划，有些人可能转而贷款、刷卡，最后反而变成负债。

为了让自己实现梦想，又不至于背负债务，掌握自己消费的周期规律，提前准备，是很好的方法。

花费类别的预估与掌握

各位读者应该已经察觉，我们一直倡导的观念是利用手账规划好自己的支出，并使支出合理化。通过掌握自己花钱的行为，来进行更有效的财务分配。简单来说，就是要你通过手账，让自己的每一分钱都能花在刀刃上。

所以，当我们知道自己花钱的周期规律以后，我们就能大概知道，要在什么时候开始节省一些支出，以便应对之后花费的高峰期。不过谈到节省，有时候我们仍会茫然无知，不知道从何下手。

在前面，我们曾经讨论过，如何运用流水账来减少不必要的开支。但在这里，我们要更进一步检视自己花费的不良习惯。拿出手账，好好检视自己关于杂物的各种记录。你会发现，某些东西你其实不太用得到，可是你却同时拥有数个类似商品。这时候，你必须记下自己不当的欲望，避免自己再次因为这类商品而产生新的消费。此外，你也要开始思考处理掉这些东西，或许是在数个类似商品中，选择一个留下来，或者全部都不要。

你会惊讶于自己莫名其妙的支出之多，也会开始意识到自己的不理性。你可以把购买杂物的消费时间标示到花费周期上，看看自己的消费高峰，是不是由于这些杂物造成的。如果很不幸地，杂物正好就是创造消费高峰的元凶，那么你就得好好运用手账，记录好自己被哪些杂物吸引，并且克制自己的欲望。

除了检讨自己为了杂物多花许多钱的错误外，还要有更积极的作为。现代网络很发达，二手物的流通更为方便，有许多买卖二手物、二手书、二手衣物的网站，个人可以通过这些平台出售杂物。这些东西对自己可能是多余的，但或许对别人却是急迫需求的。既然自己的手账上已经有一张杂物清单，何不将这些杂物，放到网络上出售，回收一些现金呢?

表4-13 把花费图形化，随时掌握消费状况

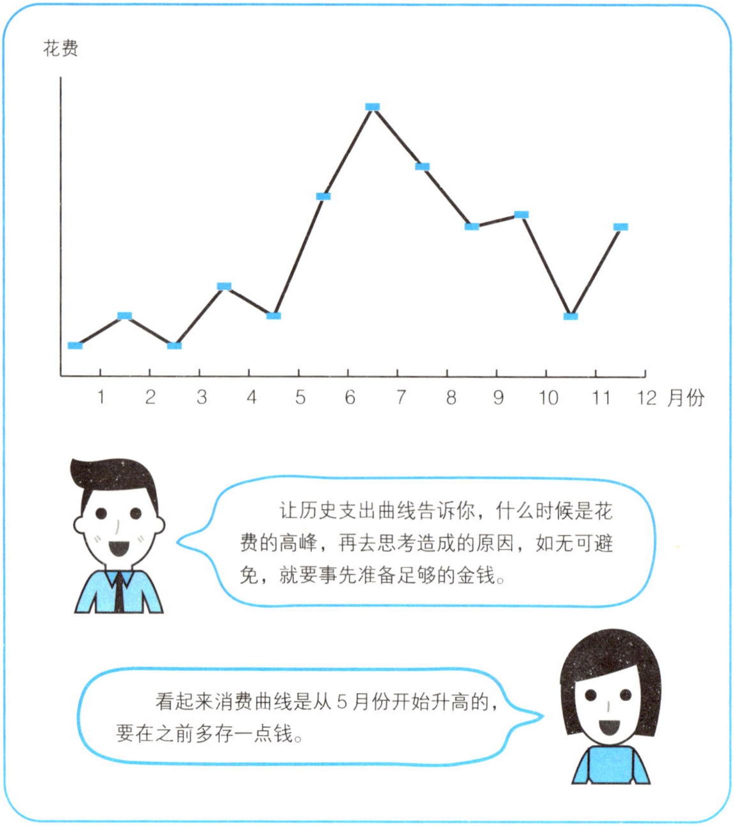

⑬ 简化手账内容，整合各种资源

在这本书里，简介了各种利用手账提升工作管理、金钱管理、情绪管理以及人际管理的方法，无非是希望读者通过使用手账，来改善现况，并且增加效能，使生活变得更好。最后要再给各位读者两个建议：第一个建议是长期使用手账之后，你要更为精简地使用手账，而不是越写越多。第二个建议是本书虽然希望你是在实体的手账上书写，但不意味我们排斥现在方便的软件与网络工具。相反，我们希望读者在使用实体的手账之外，也能够适时结合使用各种软件与工具，让各种效能再提升。

记事、分析一个单位页数搞定，跳脱失效者的牢笼

运用手账的各种管理方式之后，我们可以预期工作、生活、人际以及各种事务，都能朝井井有条的方向发展。

该怎么知道自己已经迈向新的人生了呢？从手账记录的多寡，就大概可以感觉到自己的转变。像我们分析自己时间的饼状图时，建议读者最好能够以四周的时间来分析自己。因为刚开始，有太多因素会影响到自己的行为，所以要把时间拉长。因此，我们进行分析时可能会有4~5张代表各周的

表格。

当你进行完第一次分析后，你会察觉自己有什么地方需要改善，并且拟定新的计划来改变自己。执行一段时间后，你再用同样的方法分析自己，会发现似乎用不了四周，你就已经可以掌握自己的行为模式，并且思考出当下要改进的地方。

当你一开始用手账来管理与规划生活时，可能会需要很大的篇幅来记录，很可能一天需要用2~3张日表，但是经过一段时间后，你会发现即使做同样多的工作，也不需要这么多纸了。为什么会这样呢？说穿了，就是运用手账，让你的人生慢慢转换成可以管理的模式，并且朝着明确的目标前进。如果有一天，不管大小事，你都可以利用一个单位的页数空间来记事，那么你就已经把自己管理得很好，随时可以调整自己，应时改变。

此外，让自己的记事限制在一个单位的页数（如单页或跨页）上也有实质的管理作用。同一件事情如果能够集中在一个单位的页数记录，如年、季、月、日表，那么你只要把单位页的内容确实执行，就可以离预期的成果越来越近。如果你没有这种习惯，而是把同一件事情分散记于不同的地方，那么你要怎么确认这些信息已经全部关照到了呢？因此，我们会主张将零散的信息，最后都汇集在“一个单位的页数”上。能够有秩序、规律地管理自己的工作与生活，将会带给你更精彩的人生。

善用科技工具，可以更省力、更便利

随着科技日新月异，现今有许多科技研发者声称，他们已经创造出可以替代手账的软件，手写版和科技版的手账各有优缺点。

当你熟悉手写版手账带给你的转变之后，你也可以试用手账结合手机APP或者网络软件来协助你的工作或改善你的生活。

待办清单的电子化大概是最早被开发出来的小软件，它会出现在你的计算机桌面，像是一张张的便利贴，你可以把待办的事情条列其上，每完成一项就消去一张。这与我们用手账控管工作流程非常相似，我们可以把手账上设定好的待办事项，运用软件在电脑上显现出来，让你的手账功能加倍。

比如日表、月表与年表，与行事历APP相互结合，除了可以备份自己的行程，这些APP还有精确的提醒功能。如果你是个容易忘记时间的人，这将会是手账之外相当好用的APP。而且，现在的行事历APP甚至有团队共同使用的功能，你可以设定好群组，由工作团队共享同一份行事历，而且有精确的提醒。通过APP确保彼此能同步执行项目的各个步骤。

即使是人际管理，也一样有好用的APP被开发出来。你可能看过一些APP，只需要用相机对着名片拍照，名片的信息就会直接转换成手机通讯录中的资料，而且附带名片的影像。如此一来，就不怕名片没有带在身上，或者弄丢名片了。

手机的相关APP除了管理你的时间以外，最重要的功能是在通信上，例如要传真一份资料给客户或者同事。不过，这份资料并没有电子档，要怎么快速制作出电子档传给需要的人呢？通过照相与APP编辑，你也可以快速制作漂亮的PDF文档，甚至转换成Word文档。

不管你选择哪一种工具与手账相互结合，这些工具都能让你的工作更为顺利，并且让手账增加自动化管理的功能，让你成为全方位的职场超人。

本书从挑选适用的手账和准备彩色笔、运用各种时间表格、需要记录哪些事项到提供超倍数高效能手账管理法，希望能协助你善加运用金字塔手账笔记术，使你的生活和工作效能提升，节省时间去做有意义的活动和事情，让你的人生色彩缤纷。